么大的学术研究，而是因为他做了小的学术研究，这个学术路径，最合我对学术方法的基本判断。

眉睫最初的学术工作在废名研究上，这方面的学术研究工作，无论从史料还是整体影响观察，眉睫应该是这个研究领域做得最好的几位学者之一。他以非专业的学术背景接触，却以最恰当的学术方法深入，之所以能如此，是因为学术路径是以本土名家文献搜集开始的。

做史料工作的人，都明白一个简单道理，史料的丰富性和真实性与作家出生地和历史事件发生地成正比。也就是说，越接近研究对象出生地和历史事件发生地，越容易有新史料、新线索和新判断，以此为路径切入的学术研究，常容易出新。眉睫用地方文献和本土经验研究废名，自然会有得天独厚的感觉。他在这方面能迅速做出成绩，是因为他的学术方法，暗合了好学术的最佳道理。他由废名研究，扩展到喻血轮、梅光迪这些本籍或本姓作家，以及废名圈（如许君远、石民、沈启无、朱英诞、赵宗濂等），这个学术路径让眉睫的学术视野越来越宽。

近年中国现代文学研究的一个新路是学者比较自觉地意识到扩展史料的方向和对作家的深入观察，在相当大程度上要依靠地方文献和本土知识。当这个意识强烈时，学术工作可能要由以往注重书本阅读而转向田野调查，即直接深入到研究对象的生活范围中，由地方文献和本土经验结合，从而丰富研究对象的史料，同时扩大视野。我不知道眉睫是不是一开始即有这样的自觉，但他的学术实践确实是以这样的方法突进的，他能在短时间内发现如此丰富的关于废名、喻血轮、梅光迪等中国现代作家的史料，

序一：眉睫的学术趣味和学术方法

谢泳

我很注意眉睫的学术工作，不是因为我们曾有过一些学术交往，而是我欣赏他的学术趣味和学术方法。

今年秋天，我在北京见过眉睫一次，两天时间里有过多次交谈，我感觉他对学术的热情格外强烈，而自己选择的学术路径，也切合自己的学术处境。所谓学术处境，是我自己不经意想到的一个说法，主要是指一个人在自己真实生活中所具备的可能从事学术研究的基本条件。以此观察，眉睫的学术处境确实不好。传统社会中，学术处境的第一条件是家学或者师承，而现代社会中，学术处境的初始前提是学历。眉睫的学术处境，要是在旧时代，完全没有问题，但那个时代过去了；在新时代，以学历和专业论，他不具备常态社会中从事学术工作的条件。常态社会对学者的基本要求是专业对口且是专业中的最高学历，这些眉睫都没有。他现在从事的是中国现代文学史或者较这个范围还要宽的中国现代史方面的研究，而眉睫的专业背景是法学，还不是本专业中的最高学历，但就是在这样的学术处境中，眉睫做出了比本专业最高学历获得者一点都不差的学术成绩。我感觉他不仅有浓厚的学术趣味，更有强烈的学术热情，同时还具备较为熟练的学术研究方法。

我最早关注眉睫的学术研究工作，不是因为他做了什

文人感舊錄

眉睫 著

文匯出版社

完全得之于他的学术自觉,即对地方文献的熟悉和具有真实的本土生活经验。

以当前的学术规范判断,眉睫是一个完全没有受过中国现代文学研究系统学院训练的学者,但他在自学过程中,注意由基本史料入手观察研究对象的学术实践,远比多数学院出身的人更符合研究规则,我想这也是眉睫的学术成绩为中国现代文学研究提供的一个经验,对中国现代文学学科建设也有非常重要的借鉴作用。

眉睫的另一个优点是他的学术视野相对开阔。一般的学术经验是有丰富地方文献知识和本土生活的研究者,容易沉溺于较为单一的研究对象,除了关注与本土相关的作家和历史事件外,很难再有其他学术关注点,但眉睫不是这样。在他这个年龄阶段的中国现代文学研究者中,他的学术趣味很高,比如他关注的学者作家多数具有全国意义,不是局限于一时一地的作家学者,这个选择使他研究工作的持续性和重要性突显出来。眉睫对中国儿童文学、法律与文学也极为关注,对相关史料和理论也有兴趣,这使他的学术格局变得开阔和丰富起来。

眉睫的文字也相当不错,但还有些火气,有时候容易以己之长视人之短,这些在青年时代都是难免的。但以后应当慢慢养成在学术研究中始终保持从容心态,不作意气之争,不逞一时之快。掌握史料愈成熟,愈不与人争。多看别人的长处,少看别人的短处,或者看到别人的短处,也要同情理解。我愿以此与眉睫共勉。

二〇一二年十二月十六日于厦门

序二：一星如月看多时

我与梅杰（眉睫）兄的交谊，将近十年之久，不过只是神交，至今缘悭一面。这些年间，声气相投，颇结了一些笔墨缘，其中一事不得不记。二○一○年夏天，梅杰邀我为喻血轮的《绮情楼杂记》作序，令我惶恐不已。此前我只闻喻血轮之名（这还得感谢鲁迅先生对喻氏代表作《林黛玉日记》的嘲讽），从未读过他的只言片语。倘以我今日的性情，断然不敢动笔。当时却不知天高地厚，读罢书稿，觉得尚可说道一二，于是敷衍了一篇《伤心最是中原事》，交稿之后，愈发惶恐。直到此书出版，听来一些评语，及董桥先生《拜访兰香玉》一文，引用了我的序，方觉心安。

为《绮情楼杂记》作序，最大的收获，不在喻血轮：他的书可读，却也仅仅可读罢了；而在梅杰：倘无他独具只眼的发掘与不辞劳苦的整理，《绮情楼杂记》在大陆面世，不知要等到猴年马月。事实上，经梅杰之手而重见天日的"文学史上的失踪者"，何止喻血轮一人（喻血轮的书，除了《绮情楼杂记》，梅杰还整理出版了《蕙芳日记》，以及喻血轮之妻喻玉铎的《芸兰日记》）。如著名报人许君远的《许君远文存》，著名学者梅光迪的《梅光迪文存》《文学演讲集》等，皆出自梅杰的妙手。至于散篇，更是不可胜数，试看这些标题：有关废名的九条新史料、储安平抗战时期的一篇佚文、新发现的一封沈从文佚信、想起被遗忘的诗人石民、文学史上的失踪者——以朱雯为例……

印象当中，梅杰的工作，原是陈子善、谢泳等前辈学者的专长。发掘史料，追索失踪者，不仅需要冷板凳上的苦功，更需要披沙拣金的眼力，眼力往往与阅历、年龄相关。钱锺书曾说，科学家像酒，愈老愈可贵。历史（包括文学史）学者亦然，他们最易出成果的年纪，当在中晚年。梅杰年仅而立，便已经硕果累累，他埋首故纸堆，甚至早自弱冠之年。这需要何其淡泊的性格，何其坚忍的心态。我想起了黄仲则的两句诗：

悄立市桥人不识，一星如月看多时。

初读，我读出了寂寥、凄怆；再读，则读出了坚忍一心：第一心气必须沉静，方能"看多时"；第二心胸必须辽阔，方能"一星如月"。本该纵酒狂歌，他却悄立市桥，本该"酒旗风暖少年狂"，他却"一星如月看多时"，这正可以解释梅杰缘何成功。

关于梅杰的眼力之佳，试举一例。我和他都写过沈启无。沈是苦雨斋的四大弟子之一。一九三九年元旦，周作人在北京八道湾家中遇刺，沈启无恰好在场，面对刺客的手枪，说"我是客"，还是挨了一枪，应声仆地，身负重创，住院一个半月，子弹终未取出。对此，我的立论是，纵使沈启无说出了"我是客"，却非不可饶恕的罪过。枪口之下，怯懦、自私，都是人之本性，挺身护师，与刺客搏击，则属英雄之举，我们不能以英雄的标尺权衡凡人，正如不能强迫凡人去充当英雄。梅杰好眼力，则直接质疑"我是客"一说的真实性。他引用周作人《关于老作家》里的话："后来慢慢传言沈某因救我而受伤，去年夏天沈杨（启无）寄来一张南京《中报》，记其在中央大学讲演的事，有此说法。"然后分析："如果沈启无在刺客事件起了反面作用，即声称'我是客'转移刺客注意力，让刺客直指周作人，他还会寄登载救师'传言'的报纸给周作人看吗？如果他是一个正常人，他不会这样做的。因此，个人认为周作人'我是客'的说法是不太可信的片面之词……"

我只指出周作人写《知堂回想录》关于"我是客"的记载是孤证，梅杰两个"如果"，则证伪了周作人。这一比，高下立判。

所以我读梅杰，既感钦敬，亦觉惭愧。我比他痴长两岁，属于同代人，人生履迹颇有重合，譬如都是文学青年出身，都曾入法学院，终而叛出，重拾文字的手艺……也许正是这些因素，决定了我们成为朋友。当然，我们的生命，更多则是歧异。他出身书香门第，幼读诗书，少怀壮志，我则长于草莽，少时无诗书可读，无壮志可立；二〇〇一年元旦，十七岁的梅杰立志"做一名作家"；我在十七岁那年，理想只是报考安徽师范大学或阜阳师范学院，毕业回乡当一名中学教师。西哲说过，一个人倘在青年时节便能预见其一生事业之所寄，将是十分幸福的事情。青春期的梅杰，无疑正沉浸于这种幸福之中，我则与幸福无缘，而陷入无尽的迷惘与彷徨。

二〇一四年五月十一日

目录

001　朱湘三题
008　南洋作家废名与一场文学论争
　　　——此废名非彼废名
013　温源宁与《不够知己》
018　黎昔非与胡适
　　　——胡适性格的另一面
023　新发现的一封沈从文佚信
027　关于"林率"
029　文学史的视野
　　　——《蠹痕散辑》之一瞥
033　关于沈启无
　　　——并说"破门事件"
040　储安平抗战时期的一篇佚文
052　文坛"剑"客刘任涛
062　叶公超与"骆驼草"三子
069　小孟尝刘岐山
072　梅娘写给我的一封信

075　来老给我的一封信
080　梁实秋的王默人《孤雏泪》序
085　喻文鏊与袁枚
　　　——兼及性灵诗潮的复杂性
094　邓文滨与他的《醒睡录》
108　汤氏父子与黄梅
117　敬悼汤一介先生
122　《文学演讲集》前言
125　梅光迪与胡适
138　梅光迪与新文化运动
148　为儿童创作的丰子恺
156　丰子恺的《黔桂流亡日记》
163　五年梦寻丰子恺
176　关于许君远
184　许君远的北大记忆
189　许君远二题
195　喻血轮和他的《绮情楼杂记》

207 足本《绮情楼杂记》后记

213 关于喻血轮

221 喻血轮与鸳鸯蝴蝶派

226 《蕙芳日记·芸兰日记》后记

229 关于废名先生

241 师生之间：废名与周作人

253 讲堂上的废名先生
　　——兼谈《废名讲诗》

263 翟一民先生印象记

270 一张老照片引发的回想

275 答记者问

287 后记

朱湘三题

朱湘身后事

朱湘是二十世纪二十年代与闻一多、徐志摩相比肩的大诗人之一，但他的凄惨身世令人扼腕。他的一生是与残酷现实做斗争的一生，也是被现实无情打击和最终被抛弃的一生。他的身世具有传奇色彩，死后更成为一个难解的"谜"。他生前"结仇"很多，与他强烈的自尊心和敏感多疑的性格不无关系；而他又偏偏生活在多灾多难、世态炎凉的旧中国。他的悲剧性格和世俗社会，像无形的枷锁将他送上死亡之途。但在他周围又形成一个小小的文学圈子，成员有罗念生、罗皑岚、柳无忌、赵景深、徐霞村等。朱湘与他们肝胆相照，情同手足，这就不能不令人费解。这是朱湘性格复杂一面的表现。当他与妻子不合，在安徽大学又不顺心之时，是他的人生下坡路。而他离开安大，则是必然踏上绝境。一个自负的神经质病者，处处受阻，处处怀疑，最终诗神离他而去，在遭受物质与精神双重打击的情况下，诗人蹈江而去。朱湘之死，成为现代文学史上沉痛的一页。

最近读到石定乐、万龙生两位先生关于朱湘的文章（原载《书屋》二〇〇五年第一、第七期），更发觉世人对朱湘身世和身后事不够了解。其实，朱湘的身世及其身后事经罗念生、柳无忌、赵景深、朱小沅等人的回忆和调查已经弄清楚了，只是资料分散不易查找而已。柳无忌曾将罗念生、赵景深、朱小沅等人的回忆与调查做了番整理，写成长篇"文讯"《晨雾暗笼着长江——朱湘的遗著与遗孤》，对朱湘作品出版和研究情况以及朱湘子孙后辈的生活状况进行了很详细的概括。该文连载于一九八九年四月二十六、二十七日的台湾《联合报副刊》，已经收入新近出版的《教授·学者·诗人：柳无忌》一书。这里不妨将罗念生、柳无忌等人的文章稍作摘录：

朱湘死后，传闻霓君在长沙进了尼姑庵，小沅被送入南京的贫儿院……抗战时霓君携儿女去蜀，小沅于四川某高中毕业，在一个小县的村学教书，难以糊口。（柳无忌：《晨雾暗笼着长江——朱湘的遗著与遗孤》）

小沅后来到处流浪，一多曾叫他到昆明去投考西南联大，可是小沅到达时，一多已被刺。小沅考上了西南联大，但是他母亲不让他学文学。他在云南大学经济系读过书。他后来因为历史问题，被送到煤矿劳教二十年，已于一九七八年死于职业病——硅肺病。家里的人最近才得到有关单位的通知，说已于一九七九年五月为朱海士（小沅）平反。

朱湘的孙子佑林患红斑性狼疮,一种白血病,三年痛苦,已于本月十八日去世。朱湘的女儿小东的情况也很艰苦……霓君已于一九七四年去世,丧葬维艰。(罗念生:《忆诗人朱湘》,原载《新文学史料》一九八二年第三期)

(大约一九九〇年)雅致饭店门口的大街上有一个六十多岁的大妈在卖短裤,她是现代诗人朱湘的女儿朱小东。朱小东有一条腿已经不在,她给我们看她的假腿,是木头的。有一天,我们一帮诗人跟着她到家里去看朱湘年轻时的照片和书信。看过后,我们都认为她爸爸长得很帅。朱小东的脾气跟她爸一样,民院政法系的一个女生到饭店来勤工助学,把堂子里的垃圾扫了堆在她的摊子上,她大发雷霆,两个人吵了起来。(朱霄华:《昆明文学青年的老巢:莲花池》,原载《青年与社会》二〇〇四年第十一期)

念生在长沙找不到霓君削发为尼的尼姑庵,朱湘的后人亦未提及此事,谅系传说无凭……朱湘后代唯一的希望寄托于小沅的长子朱细林与细林的男孩永湘(小沅在世时为他取的名字)身上……在艰苦的环境下,细林仍坚持自学,酷爱文学,喜读泰戈尔、雪莱、波特莱尔诸人的作品,有志继祖父为诗人。他曾用朱海士(小沅)口述、朱细林笔录的创作形式,撰写了七万字的《诗人朱湘之死》长文,其中三万字曾在香港的杂志分期登载(一九八四)。(柳无忌:《晨雾暗笼着长江——朱湘的遗著与遗孤》)

柳无忌的长文,还将朱湘孙辈、曾孙辈的艰难生活公之于世,表示孤愤和痛心——朱湘的后人重演着他的悲剧！他们在昆明均过着贫病交加的生活，甚至超过了朱湘当年的凄惨遭遇。该文详细记录了朱湘的身后事，包括子孙后代的繁衍、生活、工作、丧葬等诸多方面，并附录了朱细林《写在〈诗人朱湘之死〉前面》的前三段。

可以说，朱湘"富有传奇色彩的故事和他十分感人的爱国精神"已经越来越为世人所了解，"朱湘诗学"也开始受到关注并被研究，"朱湘"这个哑谜开始被揭开。

朱湘未死？

朱湘投江后，有关于"朱湘未死"的说法。朱湘生前好友徐霞村的女儿徐小玉在《关于〈我所认识的朱湘〉》中说：

> 朱（湘）投江的那艘吉和轮停船打捞多时，却没找到尸体，而朱湘又是个会游泳的人。父亲认为"一个会游泳的人岂能选择投水的自杀方式"呢？还有一场"奇遇"呢！父亲在文中是这样记叙的：一九三四年春夏之交，我到北平东安市场买东西，在要走出北门时，忽然对面走过来一个身穿汉装短衫的男子，一眼望去活像是朱湘。我虽然不信有鬼的存在，但这样一个和朱湘长得一模一样的人的出现却使我像触了电似地愣住了。待我清醒过来之后这个人已经消失在拥挤的人群之中，再也寻不见他的影子。过了几天我把这次"奇遇"告诉给刚刚回国不久的罗念生兄，他也说自己在东安市场也有过这么一次"奇遇"，他也同样没法解释。（徐小玉所引源自徐霞村：《我所认识的朱湘》）

不过徐霞村又说：对朱湘的死"从感情上不愿意相信。在亲人或挚友逝去后，一个人往往觉得死者依然还在身边。这是常有的事"。徐霞村是传出"朱湘未死"的第一人，并拉罗念生做保证，可是他又立即否认了自己的"猜想"和"奇遇"。

令人匪夷所思的是，徐小玉说："一九九〇年，我突然收到一封朱湘之子朱小东从昆明寄来的信问我有关朱湘'死'之事。他说传闻朱湘当年投江后并未死，我是否知道这方面情况？"文中竟将朱小东误为"朱湘之子"，显得极不可信，而且也应是"谅系传说无凭"。徐霞村的"朱湘未死"曾引起研究界的注意，而徐小玉欲进一步推波助澜，其实徐霞村的"心虚"，已经否认了这一点。现在是应该向世人澄清这一事实的。

朱湘研究亟待加强

作为一个诗人，朱湘被鲁迅誉为"中国的济慈"，这是中国新诗的骄傲。作为一个散文家，他的散文情感真挚、旖旎动人，打动了多少赤子之心，尤其是他的书信集《海外寄霓君》，与徐志摩的《爱眉小札》、鲁迅的《两地书》、沈从文的《湘行书简》并称为"民国四大情书"。作为一个翻译家，被誉为翻译天才，至今仍有出版社出版他的翻译作品。

朱湘研究大致可以分为三个时期：一是朱湘生前好友罗念生、罗皑岚、柳无忌、赵景深、徐霞村以及同时代其他作家对朱湘进行的研究，其研究成果主要以后来结集出版的《二罗一柳忆朱湘》为代表，就朱湘的生平、主要作品等进行了印象式评述。二是以钱光培、孙玉石等为代表的老一辈朱湘研究者，他们大都直接接触到了朱湘的生前好友，这为他们的研究工作提供了极大便利，同时他们也站在现代文学研究的高度，以发展现代文学学科、拓展现代文学史料为目的，真正地开启了朱湘研究，其成果以一九八七年出版的、钱光培所著《现代诗人朱湘研究》为代表。此书是朱湘研究的开山之作，至今仍享有崇高的学术地位。据钱老告诉我，他在八十年代初研究朱湘的时候，当时的现代文学史教材里还未出现"朱湘"的名字。三是以孙基林、刘志瑾、张旭、张邦卫、谷峰、余世磊等为代表的中青年学者，他们从朱湘生平、朱湘散文、朱湘诗歌、朱湘译诗、朱湘诗学等多个角度，较为深入地展开了研究，其主要成果有孙基林《漂泊的生命·朱湘》（山东画报出版社，一九九九年版）、刘志瑾《纯粹的诗人：朱湘》（台湾台北市文史哲出版社，二〇〇四年版）、张旭《视界的融合：朱湘译诗新探》（清华大学出版社，二〇〇八年版）、张邦卫《朱湘论稿》等。

然而，令人感到遗憾的是，朱湘研究至今尚未得到根本性的改观：一是"朱湘研究并不算多"，至今为止，朱湘研究专著屈指可数，还不够全面深入，不够细致，譬如目前尚未有令人满意的《朱湘传》或《朱湘评传》。其二是朱湘作品大量重复出版，但除陈子善老师所编《孤高的性情——朱湘书信集》等书以外，鲜见体现编者用心搜集、有学术含量的文集出现；同时，《朱湘全集》至今也未问世。《朱湘全集》没有问世，直接影响了朱湘研究的广度和深度。其三是《朱湘研究资料汇编》尚未出版，这也导致朱湘的研究难以拓展。朱湘研究要想得到深入开展，其重中之重即是出版《朱湘全集》。除了尽快推动《朱湘全集》的出版，在条件允许的情况下，修缮朱湘祖居、创建朱湘纪念馆，全面系统收藏朱湘资料，也是题中应有之义。

作于二〇一二年

南洋作家废名与一场文学论争
——此废名非彼废名

一九三四年三月一日,《南洋商报》的《狮声》副刊上有一篇题为《地方作家谈》的短论,该文指出:"应该肯定地说马来亚有文艺,就是居留或侨生于马来亚的作家们所生产的文艺,……凡是在某一个地方,努力于文艺者,曾有文艺作品贡献于某个地方者,无疑地我们应该承认他是某一个地方的地方作家。……我们不应该盲目地重视以上海为文坛中心的中国文艺作家,我们应该推崇马来亚的地方作家。"文章作者还推荐十四个作者认为是马来亚地方的文艺作家。三月十六日、十七日作家林志生在《狮声》副刊发表《显微镜下废名先生的理论的细察》予以回驳。从此掀起一场关于"地方作家问题"的著名论争,这场文学论争持续了两个多月,有十多个南洋作家参加笔战。

著名马华文学史家方修先生在他主编的《马华新文学大系》(共十卷)中,特立一卷"理论批评一集"(一九七二年五月版），其中便收入《地方作家谈》和《总算是我抛了一块〈地方作家谈〉的砖》等文，并在该卷的《导言》中评价道："虽然他推举的地方作家并不准确，但对马华新文学却尽了一个很大的贡献：就是在他那篇引起论争的《地方作家谈》中，第一次提出了'马来亚地方文艺'这个名称，也等于当地文艺界第一次明确地提出了'马来亚'这个地理概念。这是一件很有意义的事。"

原来这场著名的文学论争竟然在马华文学发展史上具有标志性的意义，从林志生先生的文章标题中可以看出《地方作家谈》的作者是废名，也就是这场著名论争的挑起者！熟悉现代文学的都知道当时活跃在新文学文坛上的确有个作家叫废名，真名是冯文炳（一九〇一——一九六七）。冯文炳是《地方作家谈》的作者吗？这似乎不大可能。那么这个"废名"是谁呢？他是一个怎样的作家？他与冯文炳有关系吗？

通过研究马华文学史，才知道这个"废名"真名是丘士珍。丘士珍（一九〇五——一九九三），原名丘天，又名家珍，曾用笔名废名，福建龙岩人。少时与同乡马宁（一九〇九——二〇〇一）、丘絮絮（一九〇九——一九六七）（后均为南洋著名作家）师从龙岩名士苏庆云、游雪，受其新文化思想影响。后考取厦门集美高级师范，开始接触丁玲、冰心、郭沫若、鲁迅等作家作品，思想逐渐激进，并从事革命文艺活动，曾主编《飞泉》周刊、《鹭潮》周刊以及《鹭江》报等。关于废名先生早年在厦门的这段革命文学活动，仅邵天降在《福建文坛的过去现在及将来》一文有所提及，学者钦鸿稍作引录写道："当一九二八到一九二九年全国文坛的文学事业迅速开展，福建静寂的文艺界也被惊醒了，其中厦门是当时文艺运动的中心，而文学团体中最有影响的是由集美高师的丘士珍、丘絮絮、张渺津、幻铃等所组织的厦门文艺界主力军的蔷薇社。该社编了三份刊物：附于厦门《民国日报》的《蔷薇周刊》《天河周刊》以及《全闽报》的《荒岛周刊》。"（钦鸿：《记马华文学归侨作家丘士珍》）一九三〇年丘士珍等被厦门市国民党当局通缉，随即逃亡到海外新加坡、马来亚一带，不久自费出版短篇小说集《没落》，是马华新文学在上海出版的第一部作品，后长期致力富于南洋色彩的"马来亚地方文艺"，成为著名南洋作家，一九四九年四月间被英帝驱逐出境回到大陆（丘士珍：《关于我和文学的结缘》）。

在马华文学史上，南洋作家废名先生占有极高的地位。他不仅第一个提出"马来亚地方文艺"，还以创作实践落实了理论上的主张。"马来亚地方文艺"的提倡对马华新文学的发展具有重要意义。作为中国现代文学在海外发展的重要一支，马华新文学一直受到"五四"新文学运动的辐射与影响，而这种辐射与影响在整个二十年代也形成一种长期的制约，即马华新文学得不到独立的发展。一九二九年，从大陆南下的"论语派"作家陈炼青先生最早提到这一点，但未受到多大关注。所以废名先生针对这种文学现状，适时地提倡"马来亚地方文艺"，关系到马华新文学地方色彩的个性发展，这对于马华新文学的全面建设和繁荣发展无疑指明了一个重要出路。废名先生于一九三二年出版的《峇峇与娘惹》（意为土生土长的华人先生和太太），是马华文学史上的第一部带本乡本土色彩的中篇小说，也是马华文学处于"低潮时期"（一九三二——一九三六）的重要代表作。抗战胜利后，废名先生于一九四八年出版中篇小说《复仇》，这部小说非常生动地反映了一九四一年底日本军队烧杀掳掠无辜平民的悲惨景象以及新、马陷落后前仆后继的抗日斗争。这部小说是战后初期马华文学的重要收获，同时也是"马来亚地方文艺"在抗日战争发展中的一个里程碑。方修先生及其他文学史家在论述马华新文学发展历程时，都曾多次提到废名先生《地方作家谈》一文引起的这场著名文学论争以及他对马华文坛做出的重大贡献。

这个废名先生在大陆文坛不甚知名，二十世纪二十年代在厦门从事革命文学活动时，尚未使用这个笔名；但在南洋，丘士珍即是废名，废名即是丘士珍，丘士珍也因"废名"而声名大振。南洋作家废名先生一九四九年回到大陆，长期居住在福建龙岩，据说并未完全脱离文学界，但不知还用"废名"这个笔名否？冯文炳先生在发表长篇连载小说《莫须有先生坐飞机以后》以及一些散文后基本不再使用"废名"这个他一贯使用的笔名。冯文炳先生最后一次使用"废名"这个笔名是在一九五七年人民文学出版社出版的《废名小说选》序言当中，不知已经定居在福建的"南洋小说家废名先生"是否见到这本小说选集？至今大陆马华文学研究者在提及那次"地方作家问题"的著名论争时，往往直呼丘士珍为废名，似乎感到有与内地著名京派作家废名同名之趣。

顺带提一下，使用"废名"这个笔名的还有被誉为"中国现代百科全书之父"的著名翻译家姜椿芳先生（一九一二——一九八七),现代文学馆藏有"废名译稿"《诺亚,诺亚》(一九四六年译),不知道是哪个废名。另外,香港广角镜出版社一九七七年曾出版一小册《我的丈夫和中国》(洛伊斯·惠勒·斯诺著),译者也是署名"废名",恐怕是姜椿芳先生吧!

作于二〇〇五年十一月二十四日

温源宁与《不够知己》

傅国涌先生的《叶公超传》出版以后，我的脑海里想到的第一个人竟然是温源宁。在现代文化史、外交史上，叶、温二人或者最具有相似的可比性，于是在我看到这本既让人欣喜又令人感到不满的《叶公超传》时，我最迫切的是希望有人能写出一部《温源宁传》，并编出《温源宁文集》。可是据笔者所知，此事似乎一直无人在做，我不禁要问——难道温源宁不是一个值得立传的英语大师、政治名人吗？

惆怅之余，我暗暗较劲，非要把温源宁的著作和生平资料搜全不可。但是，几年过去了，我能见到的还只是他那一本反复重印的、薄薄的《不够知己》。或许这是命运谶语，一语中的——人与人之间都是"不够知己"的。温源宁之于现代文化名人如此，我们之于温源宁也是如此，一切都凭造化和缘分，何必强求呢？于是我心中似乎宽慰许多，一个现代文化名人、政界名人在今天是被遗忘了，也许是正常的事，无论今人还读不读他的作品，但一点我又放不下：我还是要尽量回到历史的现场，了解温源宁的生平和著作，以及他在当时的影响、声望，还有时人和后人对他的评价。

温源宁（一八九九——一九八四），广东陆丰人。早年就读于剑桥大学皇家学院，获法学硕士学位。一九二五至一九三四年，历任北京大学、清华大学、北平女子大学师范学院外文教授。一九三五年，与林语堂等合编英文文史月刊《天下》。一九三六年从政，任立法院立法委员，一九三七年任国民党中央宣传部驻香港办事处主任，一九四六年当选为制宪国民大会代表，一九四七年任国民政府驻希腊大使。一九六八年后定居台湾，直至去世。

一般而言，学人都承认温源宁是一代英语名师的，而代表其这一成就的成果仅《不够知己》一书，可谓可悲可叹！相形之下，叶公超较为幸运，晚年的叶公超无论政界、文坛都还是作为宿老出现在公众面前的，而且著作偶有问世。其后大陆也出版了《新月怀旧》《叶公超批评文集》等书。而温源宁一册薄薄的《不够知己》在一九三五年交由别发洋行出版以后，五十年间并无再版，其间仅在少数爱书人之间流传。香港爱书人黄俊东说："作者可能是一个爱读英国传记文学作品的人，否则不会如此'生鬼'的把人物写得栩栩如生，而他的流畅、简洁有力的英文，大抵也是从英国名家而来。"以上评价，虽说中肯、切实，却也只是猜测。由此可见，二十世纪六七十年代，温源宁及其著作无论在大陆还是海外都是为人所不熟悉的，且此时《不够知己》仍无人翻译成中文出版。直到一九八八年十二月，现代诗人南星才以其纯熟完美的语言将《不够知己》译成中文出版问世。张中行在序中赞美说："原文出于温源宁之手，译文出于南星之手……那就真是珠联璧合了。"这样的评价是很高的，这个版本也成为八九十年代学人了解温源宁的一个窗口。二〇〇一年，陈子善先生又编辑整理出版了《一知半解及其他》（辽宁教育出版社出版），该书以岳麓版为母本，又在集外收录六篇温著的英文评论文章，附录部分又收录有关《不够知己》的文章。这两个版本的《不够知己》极大地扩大了温源宁的影响，让更多的学人了解了温源宁其人其文。辽教版的《不够知己》后又以《我的朋友胡适之——现代文化名人印象记》为名再版一次。另外，岳麓书社又出版一本温源宁著、江枫译的《不够知己》，这个版本力图把温源宁所有关于"现代文化名人印象记"的文章搜罗齐全译成中文出版，可惜被批评误收、漏收，且校对不精。回顾这五个版本的《不够知己》，各有特色和贡献，但笔者更希望早日见到《温源宁文集》以及《温源宁传》。

一九三四年一月开始，温源宁为《中国评论》周报的"人物志稿"栏写文章，专写当时文坛政界的名人。虽谦为"试笔""应该投到废纸篓里去"，而实为"春秋笔法"，别具一格的人物传记。作者也有自知之明，乃说："如有触犯了人的言语，乃是无心之失，希望谁也不见怪！"在著者看来如此，但在读者呢？未必如此！更遑论"希望谁也不见怪"！原因何在？恐怕还是"春秋笔法"惹的祸啊！也许在一般读者看来，会莞尔一笑，不禁让人神往，想象人物的超迈之处，但在被写的对象看来，总有不痛不痒之感,甚至因刺到要害而大骂起来!

如《不够知己》中描述吴宓先生:"……像一座钟,讲课勤勤恳恳,像个苦力。"写丁在君博士:"矮个子,很结实,双眼放射出敏捷、果断的光芒,上唇胡子告诉你,搞业务,不许说废话!"写周作人则是:"温文尔雅,静若处子,说话有如切切私语,走路几乎像个老太太。"诸如此类,不可胜举!想必吴宓、丁在君、周作人等读后是不会大笑,反而要紧蹙眉头了。

为他人立传,在中国本是很神圣的事情,被立传者也往往是很光荣的,可为什么《不够知己》这样的另类"人物传记"不受传主欢迎呢?我认为,最主要的原因是:以国外传记文学的方式(包括思想、语言)写中国人物。这是一种大胆的尝试,但极容易失败,《不够知己》也未必能说成功吧!但也有一篇人物印象记是不一样的,笔调要深沉得多,语气也紧凑得很,就是写梁遇春之死那一篇。文章第二段起首便赞扬道:"短促的生命,纯洁的生命!"可见温源宁对梁氏是带了深深的感情的。这似乎表明,我们中国人写人物传记还是习惯于爱憎分明、立场明确的那种,如果纯粹的调侃、戏弄,则近于无聊了。关于梁遇春的那篇可以说是全书的一个另类文章中的另类,不得不值得读者关注!

《不够知己》一半是写文坛名人,一半是写政界名人,辽教版再版本题名为《我的朋友胡适之——现代文化名人印象记》有以偏概全之嫌;至于"集外"和"附录",爱好者不妨一并读之,由此可以知道温源宁对外国文学的熟稔,以及《不够知己》在不同时期的影响和评价。当然有人从英文原文去解读其语言之纯正、完美、地道，又是另一种读法，且必须翻看英文原本或翻印本了。不在此文讨论范围之内。

一本小书，引起这么多人从不同角度阅读，这也真是民国学人学贯中西才能实现的，我等后辈，能闻点余香，就不错了。

作于二〇〇七年九月

黎昔非与胡适
——胡适性格的另一面

黎昔非？一个多么陌生的名字。今天恐怕连专门研究现代文学的学者也不知道他是谁了。这个曾经为《独立评论》立下汗马功劳的经理人，生前籍籍无名，默默贡献自己的青春岁月，在胡适的背后做了大量鲜为人知、细致入微的工作，"文革"期间却又因《独立评论》饱受摧残，悄无声息地离开人世！今天，我们翻阅旧时报刊，仿佛能够体会黎昔非平淡人生的曲折、隐逸、委屈的况味。至于他与胡适的关系又让我们看到胡适性格的另一面。

黎昔非（一九〇六——一九七〇），广东兴宁人，一九三〇年七月毕业于中国公学大学部文史学系，著名历史学家罗尔纲为其同班同学，而且还同寝室。后转赴北平自学于北平图书馆，于一九三一年春考取北京大学研究院，指导教授为黄节先生，课题为《诗经学史》。一九三二年四月在吴晗的推动下应胡适之约担任《独立评论》经理人（曾被长期误为胡适同乡章希吕），一直到一九三七年停刊为止。据黎昔非在《自传》和其他一些材料中反映，他同意担任《独立评论》经理人原因有二：一是在主观上他希望能半工半读，对研究生学业给予物质上的帮助；二是客观上胡适的地位、名望以及再三邀请使得黎昔非不得不接受这个"荣恩"。但是，黎昔非的初衷并不是放弃学业把这个当正式工作。

从一九三三年开始，黎昔非多次提出卸任，要求把主要精力投入到学业当中去，都遭到胡适的拒绝。黎昔非所作《自传》中说："几次欲辞掉未果，终于为生活所关而未果。"最终不得不放弃自己的研究生学业，继续默默为《独立评论》做出牺牲。

大家都知道胡适对人慷慨热情，连一个从未谋面的人只要夸耀他几句，他也乐于帮忙，成人之美，如为他人写学历证明、介绍工作等，故时人都说"我的朋友胡适之"。对于厚爱有加的弟子罗尔纲、吴晗更是如此，但相形之下，对于黎昔非未免不近人情了。一九三一年，黎昔非在北平读研究生，而罗尔纲没有考上研究生，是应胡适之约做家事，如教子课读、整理其父遗稿等，并在胡适指导下做些资料整理和研究工作。后来，胡适又想推荐罗尔纲到中华教育文化基金董事会担任文书职位，月薪一百二十元，这在当时属工资优厚且又体面的工作。可是罗尔纲想做研究性的工作，于是胡适又力排众议将其推荐入北大研究院考古室任研究助理，月薪六十元。这就不能不令人费解了，黎昔非是考入北大研究院的，而胡适却将其"拉出来"去做《独立评论》的宣传、印刷、发行等烦琐的行政工作，且只给月薪三十元（连投靠胡适的同乡章希吕在

《独立评论》担任部分校对工作也有八十元月薪)。等黎昔非一九三四年结婚,才涨十元。与黎昔非、罗尔纲要好的吴晗呢?吴晗家境非常贫寒,无力上大学,于是写信求胡适帮忙,胡适立即提供他在清华半工半读的机会,得以完成学业。胡适还几次赠送现金给吴晗以改善其生活,如第一次入学即给八十大洋。要说在一九三二年前后,黎昔非的学历在罗尔纲、吴晗之上,学问也在此二人之上。可惜胡适没有去好好栽培他、帮助他。他的好友丁白清非常清楚他的精神状态,回忆道:"我知道他当时非常痛苦,又不敢走,薪水只有三四十元,又不够用,我建议他:叫胡适介绍中学教员,教书兼职,他始终都不愿意这样做。"其实,《独立评论》的经理工作,非常烦琐、繁忙,黎昔非也是很难得有时间兼职的,更无时间完成他的学业。

从一九三二年至一九三七年,罗尔纲、吴晗在胡适的言传身教下,发表大量学术文章,在学术界崭露头角,成为胡适傲人的弟子。而同为胡适学生的黎昔非却一直默默做着无人知晓的背后工作,牺牲了自己的学业、文凭以及学术前途。

一九三七年,黎昔非、罗尔纲、吴晗这三位中国公学的同学,因抗战爆发一起南下。但他们南归的方向却不相同,吴晗前去云南大学做教授,罗尔纲前去长沙中央研究院社会研究所工作,而无学术名气又无研究生文凭的黎昔非只能回老家教中学。吴晗临走时,还从胡适家拿走三百大洋。黎昔非到武汉时已经身无分文了,不得不在罗尔纲那里借钱回家。

应该说,黎昔非、罗尔纲、吴晗三人的性格是存在差异的。罗尔纲、吴晗敢于在胡适面前显示才华，并能大胆提出一些请求和帮助；而黎昔非呢？木讷得很，不轻易向外人表露苦衷，也不轻易求助于他人。黎昔非的好友林均南评价他的性格说："不爱说话，更不喜欢表现自己，所以他跟任何人来往，都是简单而扼要的几句话。"黎昔非曾向他的儿子黎虎讲述他与吴晗一起等候胡适的故事最能体现这种性格差异。一次，吴晗与黎昔非在北海公园等候胡适。当远远看到胡适走过来的时候，吴晗迫不及待地奔上前去，边喊"先生！先生！"边急忙地去握胡适的手。黎昔非呢，待在原地不动，直到胡适走过来，他才喊"先生"。

黎昔非自回老家后，一连在家乡教了七年中学。中学不适合做学术研究，对于他这样的立志做学问的读书人来说无疑是一种痛苦。到了一九四四年，闻一多介绍黎昔非到昆明国立中国医药研究所史地部门担任助理研究员。这虽然属于学术工作，但与黎昔非的专业不对口，也不符合他的兴趣，况且那里的资料也非常稀少，不利于研究工作，但黎昔非还是在工作的一年多时间内完成学术专著《本草产地考释》（三卷），可见黎昔非确实有学术天赋并有吃苦耐劳的精神。到一九四五年底和一九四六年时，抗日战争胜利，各大学恢复，黎昔非有了到大学教书的机会。他的学术著作考核、工作年限等都具备条件，唯独缺少研究生学历证明。于是他不得不求助于北大校长、他的老师胡适。按说，他之所以没有拿到北大研究生文凭，胡适难辞其咎，现在胡适帮一把应在情理之中。但在一年之中，黎昔非一连给胡适三封信，语气委婉恳切，希望胡适能给一纸学历证明书,这样就可以到大学任教,继续他的学术研究工作。可惜,胡适一封信都没回,黎昔非只好又回到老家教中学。实际上,黎昔非给胡适的三封信至今还保存在胡适秘藏书信里(见耿云志编《胡适遗稿及秘藏书信》第三十九册,黄山书社,一九九四年版),可见胡适完全收到了黎昔非的信,并和其他人的信一齐保存了起来!

一九六六年六月三日,《人民日报》发表一封吴晗致胡适的信,里面涉及吴晗提议由黎昔非担任《独立评论》经理人一职之事,黎昔非因此被打成"三家村黑帮",紧接着遭受灭顶之灾,在受尽折磨之后于一九七〇年十二月十六日含冤逝世。一个由吴晗推荐为胡适主持的《独立评论》牺牲个人前途的、默默无闻只讲奉献的优秀经理人黎昔非却因胡适、《独立评论》、吴晗而丧失自己的学术前途并由此丧命,不能不令人感叹!

作于二〇〇七年九月

新发现的一封沈从文佚信

近读《中央周刊》一九四八年第十卷三十八、三十九期合刊（民国三十七年九月廿六日出版），发现沈从文致该刊发行人兼主编刘光炎先生的一封信，笔者当即怀疑这是沈从文先生的一封佚函。及至翻阅《沈从文全集》（北岳文艺出版社，二〇〇二年版）发现确实未收录此信，尤其重点翻查了《沈从文全集》第十八卷《书信（一九二七——一九四八）》亦是未见。又查吴世勇编《沈从文年谱》（天津人民出版社，二〇〇六年版）亦未提及此信。我乃敢确信这是沈从文的一封佚函。此信原题作《沈从文先生函》，应系编者所拟。原信内容如下：

光炎先生：惠书拜悉，深谢厚意。文章一时恐无从缴卷，因杂事忙乱，终日总是琐务一堆到头上也。稍迟时日必有以报雅命！专复　颂
著安

　　　　　　　　　　　　　　　　　　　　弟　沈从文

从信中的内容来看，大约是《中央周刊》主编刘光炎先生写信向沈从文约稿，沈从文回信予以答复。此信发表于该刊第二页的"友声"栏目，同时登载的还有邵力子、任卓宣、刘乃诚、孙文明、吴瑞章等人的信，或系作者来信说明何以未交稿，或系作者来稿附带问候的便函，或系读者来信商榷，信末注明时间均在民国三十七年八九月间，以九月为多，沈从文此信虽未注明时间，大概也是写于该年八九月间吧！这个时间恰好是郭沫若发表《斥反动文艺》后的几个月。

据刘光炎先生的女婿陶恒生（陶希圣之子）《新闻界老兵"胖爹爹"刘光炎》一文（原载《传记文学》，二〇〇〇年五月第四百五十六号）及其他相关史料，刘光炎先生的生平及著述情况如下：

刘光炎（一九〇三—一九八三），知名政论家。民国十五年毕业于复旦大学后即投身新闻界。抗战期间，担任重庆《中央日报》总编辑，并兼课于南温泉中央政治学校。一九三七年十一月，自第九卷四十七期开始，接替张文伯在南京主编国民党党部刊物《中央周刊》。一九四八年底到台湾，担任《新生报》及《中华日报》主笔。退休后转职于教育界，讲授国文、新闻、国际关系等课。著有《新闻写作研究》（一九三一年出版）、《战时新闻记者的基本训练》（独立出版社，一九四〇年出版）、《中国共产党外交理论的分析》（胜利出版社，一九四一年出版）、《英美合作与日美战争》（军事委员会政治部，一九四一年出版）、《一年来国际关系的回顾与前瞻》（军事委员会政治部，一九四一年出版）、《近来之国际关系与太平洋大战》（军事委员会政治部，一九四二年出版）、《国际问题的纵横面》（独立出版社，一九四三年出版）等。到台湾后著述更丰，如《欧洲现势》《新闻学讲话》《哲学导论》《西奥特·罗斯福传》《杰弗逊与美国民主政治》《苏俄政制剖析》等。

从以上履历及著述情况来看，刘光炎是一个典型的国民党官员，一个老资格的新闻时评家、政论家。他毕生站在国民党的立场从事新闻思想宣传工作，同时在抗战期间为抗日做了许多研究与宣传。《中央周刊》是国民党党部刊物，三年内战期间多是发表宣传反共思想的政论、时评，仅有少量文史作品，如《与王芸生先生论曾国藩》（王德亮），并连载《天风海涛楼札记》（伯商）、《梅隐庵谭胜》（厚庵）等。沈从文在信中说"稍迟时日必有以报雅命"，语气非常肯定，似乎还打算写些文章。可惜事实是，此时的沈从文已受到郭沫若《斥反动文艺》等事件的冲击，很少动笔写文章。同时，此时的他也不可能不考量此刊的政治立场，也不可能不知道中国的大局。当年十二月他在给季陆的信中就说："大局玄黄未定，惟从大处看发展，中国行将进入一个新时代，则无可怀疑。"直至该刊出到一九四八年十一月十五日十卷四十六期停办为止，亦未见有沈从文的作品发表。同年十二月三十一日，沈从文在赠一个朋友的条幅落款处写下"封笔试纸"。这等于一代文学大师沈从文对外宣称"封笔"。

沈从文与刘光炎相识应无疑问，但两人有何其他交往尚不知晓。此信对于考察一九四八年沈从文的思想或许提供了一个新的线索也未可知。望学术界尤其是沈从文研究者加以注意。

作于二〇〇八年八月

关于"林率"

近读陈子善先生《这些人,这些书:在文学史视野下》一书,其中有篇《现代作家笔名小考》之第二节《林率是陈麟瑞》中说:"'林率'则是陈麟瑞早期的笔名,目前所知最早于一九三六年三月在《东方杂志》第三十三卷五期上发表《妇产科的猫》一文时使用。"

笔者对"林率"这个名字很熟悉,因为《朱湘书信集》经常提到他,他与罗皑岚、柳无忌、罗念生、徐霞村、赵景深等都是朱湘那一圈子的人,在朋友中又作"陈林率"。朱湘逝世时间是一九三三年,"林率"肯定在此之前就已经使用过。

陈林率(一九〇五——一九六九),原名麟瑞,浙江新昌人,柳亚子的长女婿,历任暨南、复旦、光华、震旦各大学教授,毕生从事教育、翻译和新闻编辑工作,同时也是著名的剧作家(石华父)。早年入读清华,并加入清华文学社。一九二七年,清华文学社《文艺汇刊》上还有署名"林率"的诗《鸭声》,并附有"本社社员表",内有"陈麟瑞"的名字。一九三一年,陈麟瑞还曾以"陈林率"的名字与罗念生在中华书局合出了一本译作《傀儡师保尔》。

  此文虽写于十二年前,但陈子善先生去年重新编过一本《朱湘书信集》,且近来也有人提过"陈林率",陈老师不可能没有注意到,现在出版《这些人,这些书》,真应该修改完善。我指出此点,非向陈子善老师"求疵",只是希望更多的读者去关注"林率",如果他的诗文能尽早搜集整理出版,那真是大幸事。

作于二〇〇八年八月

文学史的视野
——《蠹痕散辑》之一瞥

近读"远东收藏系列"之《蠹痕散辑》更是感慨有加:文学史之视角奈何如此狭窄耶?!该书所提到的作家或者是现代文学史上根本未曾提及的,如卢静、莫洛、尤劲、吴奚如、祝秀侠、潘静淑等;或者为世人所知但不知更有其他著作者,如"黄药眠的译诗集《春》""胡山源的译作《早恋》""梁遇春的佚文""蒲风的《六月流火》"等;至于《期刊之什》中还提到许多一般现代文学研究者闻所未闻的旧报刊。总之,作者专拣些偏门的早已尘封历史的旧书、旧报刊作为材料,别人当作"垃圾"的,他却当作"宝",洋溢出别样的史家眼光,最终将这些集成一束,它们像一抹微光扫过现代文学史,让许多正在编写现代文学史的专家学者大跌眼镜。作者黄恽先生根据自己多年之所藏,以书话之笔调,从小处着手,将读者带进浩如烟海的民国报刊图书之中,寥寥数语之外并配上大量民国书影,仿佛这些更能让读者嗅出"文学史"的味道呢。

如在《蠹痕散辑》中，有一篇"钱公侠编《语林》"。钱公侠（一九〇七——一九七七）现在是一个名不见经传的人物，可在三四十年代却是一个较为活跃的编辑家。他所编的《语林》还牵引出与张爱玲有关的一段资料：

《语林》创刊号上有张爱玲中学时代的老师汪宏声《记张爱玲》一文，中间还有张爱玲百十字的短文，而第二期则有着张爱玲与《万象》发行人平襟亚的一段过节，分别是《不得不说的废话》《"一千元"的经过》二文，可以看出张爱玲的健忘与平襟亚的斤斤计较的商人气，不过曲在张而直在平。

这里提到的《记张爱玲》一文一般读者肯定是不知道的，甚至以发现张爱玲佚文著称于世的陈子善先生在其所编《张爱玲的风气——1949年以前张爱玲评说》一书中亦未收录此文。本来以上所载之事在当时再自然不过，但当一切成为历史，有些已经尘封不闻，甚至找不到丝毫线索，从而成为秘闻或秘史了。只有找到当时记载其人其事的载体，如报刊之类，方可一解困惑，仿佛让你回到了历史发生之现场。

《蠹痕散辑》所做的努力，也正是回到现代文学史发生的现场，在发掘过程中甚至还可以见出一些尴尬的，即与现在一般学者所总结的文学史产生冲突。上面提到的许多篇目即是好的明证，这里不以作者提供的材料为证，而另在他处寻找。

书中提到的钱公侠，曾与施瑛编了一套现代小说选集,名为《小说》,共分四种,启明书局一九三六年出版,其中《小引》中也透露出一段鲜为人知的资料,当然这套书在现今的现代文学史教材上是未曾提到的,在这段材料中,也可以看出些许"尴尬"来的。

现在的学者均认为废名是京派小说的创始人、京派的代表人物,然而在京派、海派的论辩中并未见到废名的出场,废名也从未自称是"京派"。虽然这些研究者都毫无疑义地将废名划进"京派",但要是能找到当时的评论或"说法",能证明废名在当时的文坛确系"京派"之一员,那该多有意味。

《小引》有言:

> 虽然现在的批评家,对于新文艺也有"京派""海派"之分,"京派"鄙薄"海派"带几分油滑气,"海派"却批评"京派"近乎道貌岸然……国民革命之后,首都搬到南京,文风也似乎渡江而南,可是现在的北平,仍旧并不寂寞,《现代评论》《语丝》《北新》《新月》等文艺栏的健将,仍在故都,集成"京派"的一群,沈从文、巴金、冯文炳、章靳以等,还有很多的创作……冯文炳后来以笔名废名出现。他的小说,全是一些卑琐而纯真的人物,故事异常简单,简直像素描一样。尤其在后来出版的《桃园》里,更可以看得出来。但是他早年出版的《竹林的故事》却非常美丽。本编选了他的作品两篇。《竹林的故事》里面写着那可爱的三姑娘实是典型的东方少女。

文中还将废名列入鲁迅指导下的莽原社作家群。

此段文字需要注意的除明确提到废名是"京派"作家之外，它还将"京派"的构成做了一番解释，即"《现代评论》《语丝》《北新》《新月》等文艺栏的健将"（此与目前学界之普遍观点也是有某些冲突的），并指出章靳以主编的《文学季刊》"近于京派"，由此得出在《文学季刊》上化名发表文章的巴金在作风方面也近于京派。将巴金、章靳以等纳入京派，这可谓"咄咄怪事"，因为现在的研究者从未指出他们属于京派，而是偏左的。

只有将史料进行尽可能地发掘，才能最大限度地还原历史，这可能是这一批文学史研究者所信仰的。只是他们往往所获的也仅仅是冰山一角，无法拥有所有的史料。但无可否认的是，类似黄恽先生（还有陈子善等）这种研究文学史的方法，或许对于现今的文学史将产生一些影响。

作于二〇〇八年三月

关于沈启无
——并说「破门事件」

近读"苦雨斋文丛"《沈启无卷》,颇感兴味。诗人、散文家、学者的身份,沈氏都沾得了一点儿,虽然未必都能真正卓然成一家。然而,沈启无也确实是有一些才华的,他的作品也是周作人一群人作品的重要组成部分。我们读着,也总是仿佛闻到了知堂先生或废名先生的一点气味。

《沈启无卷》所收沈启无的散文,一共二十九篇,实则不是很全。看看《沈启无自述》里提到的作品,都有没收进去的。例如:《小实报》里的《下乡》《关于瓦舍勾栏》,《文笔》里的《杂志新编》,《中华日报》里的《另一封信》,《东北日报》文史副刊里的《新文化运动与新文学》,以及《三谈古文》《龟卜通考》和《再认识,再出发》等。又据《记沈启无先生》一文说:"(沈启无)还有许多很早写的小文章,多半是没有发表过的,现在也在收集中,将来也许可以和读者相见。"可见,沈启无的"小文

青年沈启无

章"还很有一些。还有世人熟悉的《〈天马诗集〉附记》也居然被遗漏了。我相信以上文章,只要编者平时详加注意,应可收入的。

沈启无的散文主要是小引、后记、序跋、读书随笔、书信、演讲等,真正略带抒情性质的,非常少。然而,我读起来,真是感到味道十足,真见性情,亦可见沈氏真有见地。只不过,我们先读了知堂先生或废名先生的文章,现在才读沈氏散文,就难免觉得沈启无是在鹦鹉学舌了。其实,我不作如是观。假使我们回到历史现场来看,我们应认为这也代表沈启无自己的文艺观,既可以说是受了知堂先生的影响,也可以说是对他的呼应。强自认为是鹦鹉学舌,未免有意贬低沈启无。废名先生的不少文章,又何尝不是受知堂先生的影响呢?

《近代散文抄》后记一、后记二,《中国文学的特质》《〈大学国文〉序》以及几篇谈古文的文章,都是在宣传、呼应知堂先生的文艺史观。而《关于新诗》《闲步庵书简钞》《〈文学集刊〉后记》《关于诗的通信》等论调则与废名诗论近之。至于《闲步庵随笔》《闲步偶记》《刻印小记》《记王谑庵》《读稗小记》等读书笔记又是呼吸着知堂先生的空气。此外,略带抒情气息的《却说一个乡间市集》《关于蝙蝠》《南来随笔》等,也真见沈启无的兴趣、心境和文艺眼光了。与知堂先生相比,沈启无散文的分量很轻,连废名的散文都赶不上。但他们呼吸的是同一种气息,从语言到观点,都是相通的。

沈启无是知堂的四大弟子之一,然而在众师兄之中,他与废名的关系是最好的。所以又与废名一起谈诗,并写下不少类似废名诗作的诗歌,意象、用词、诗情十分接近,有些简直可以乱真。不过,沈启无很有自知之明,他曾将自己与废名相比较地说:"废名先生的隐逸的性分重,所以比较喜欢隐晦的诗多。同时有他的崇高哲学作背景,所以创作诗常表现其无端的深邃,我则兼爱平实,自己平常又很重视经验,所以不免流于广杂。因此在作风上与废名先生也渐有了差异。"确实如此,沈启无的诗较废名的诗为好懂。再读他的《纪行》,则见不到废名诗的感觉了,他确实是有自己独造的地方的。《沈启无卷》全收《思念集》,让我们可以饱览其诗,这真是一种幸运。

谈沈启无,难免要谈"破门事件"。《沈启无卷》也在附录中收了相关资料文章。下面笔者也谈谈自己的浅见。沈启无早年激进,据说一度还参加过共产党外围组织,他大概与其师知堂先生一样,属于外冷内热的人。二人品性类似,而力量悬殊,在那种特殊的并非正常、平等的环境下,二人难免会有摩擦,并难以用平常心态为人处世。破门事件,世人多信知堂先生所说。在沈启无的回声《另一封信》和《你也须要安静》以外,我们且来听其他"声音"。沈启无的学生、朱英诞之妻陈萃芬在《关于朱英诞》(原载《新文学史料》二〇〇七年第四期)一文中回忆说:

关于周作人遇刺那件事,我们在学校里说的是,沈启无大年初一到周作人家拜年,结果挨了枪,是怎么回事呢?周作人出来送客,送到门口,有两个人冲周作人开枪,周作人趴在地上了,我们的老师沈启无,趴周作人身

周作人与沈启无

上了,保护他,结果沈启无挨了两枪,到现在子弹还在里头呢!周作人没挨。别人写的不对,这事现在人人说法都不一样。当时我们上课,有时沈启无先生还说笑话,说子弹还在他身上。因为周作人这几个学生都挺忠实的,后来我就不知道了。……后来两人感情彻底掰了,利益不一样,周作人厉害着呢!

刺客的目标不是沈启无,而是周作人。沈启无原也没有为恩师挡枪的义务,但沈启无因此事而受枪伤确属真,且不管沈启无是为周作人挨枪,还是声称"我是客"转移刺客注意力。对"元旦刺客事件",两人认识不太一致。周作人在《关于老作家》中说:

后来慢慢传言沈某因救我而受伤,去年夏天沈杨(启无)寄来一张南京《中报》,记其在中央大学讲演的事,有此说法。

如果,沈启无在刺客事件起了反面作用,即声称"我是客"转移刺客注意力,让刺客直指周作人,他还会寄登载教师"传言"的报纸给周作人看吗?如果他是一个正常人,他不会这样做的。因此,个人认为周作人"我是客"的说法是不太可信的片面之词,而沈启无是否救护老师,也难以找到佐证,但他自认是救护了老师的。

其实,按照周作人的脾性,如果沈启无真的声称"我是客"转移刺客注意力,这比写文"攻击老作家"还严重吧!那他应该在一九三九年元旦之后就说沈启无"破门"

的，怎么还会等到一九四四年呢？再说，如果沈启无真的声称"我是客"，而外间一直认为沈启无救护了周作人，那他早应该出来辟谣，为何到了一九四三年两人感情出现嫌隙之后才开始渐渐"解释"呢？

再看看周作人又是如何对待朱英诞的，陈萃芬回忆说：

> 周作人发现他（朱英诞），把他请去……周作人发表文章说朱英诞是"小友"，说他年轻、有才华、能写……后来英诞不去周作人家了，跟我说，"我把他得罪了"。怎么回事呢？英诞写了一篇文章，说周作人像一头大象，这篇文章不知道怎么被周作人看到了，把他给辞了。

这点小事，一句戏谈，周作人便赶走了朱英诞，断了人家的"口粮"，可见"周作人厉害着呢"。至于周作人又称沈启无化名"童陀"，写文攻击他这个"老作家"，为片冈铁兵的"帮凶"（沈启无自称不认识片冈铁兵），而发表"破门声明"，不过是如出一辙。周作人还乘势追打，提到元旦刺客旧事，做了阐发，并主动与沈启无断绝一切公私关系，不经教授评议会的正常程序开除沈启无教职等，导致沈启无在北平实在待不下去，亦未免不近人情而显得霸道、强横。

"破门事件"，我是同情沈启无的。

作于二〇〇九年

储安平抗战时期的一篇佚文

笔者近于程其恒编《记者经验谈》(桂林铭真出版社，一九四三年版)中读到储安平的《我编辑副刊的自述》一文，为《储安平文集》所未收。这篇文章主要是回忆作者在《中央日报》时的工作情况，说明"一个人的编辑态度足以说明他一部分的为人态度"。重要的是，这篇文章多处提到了明确的时间点，可以为储安平的生平研究增加一些史料，甚至能够从中找到有关储安平自由主义思想变化轨迹的素材。此外，储安平还回忆说："只好由我自己来多写些稿子，不支稿费……"这说明他曾在《中央日报》发表了许多文章，而《储安平文集》只收了一篇，可见这些文章是化名发表。

文中说：

民国二十二年七月至二十五年六月，我在南京《中央日报》整整编了三足年的副刊。

我最近的一篇散文，叫《豁蒙楼暮色》，还是远在二十一年暮春写的。

还有一个理由使我的文学兴趣，不能增高，我在政治上是一个超然的人，我至今还保持着我自由的身份。《中央日报》有两重人格，在政治上，它是中国国民党的最高党报，在新闻事业上，它是一个新闻报纸，我始终以一个技术员的身份，在偶然的机缘下，在《中央日报》社服务。我不知道我这种态度，对不对，应当不应当，但是我觉得这样是可以的。我这次回国后再进《中央日报》，也仍然是抱着这样一个新闻事业技术员的身份。

最好的例子就是我去年七月在长沙暂代编辑《中央日报》副刊……

这位刘君本在常德，他后来到长沙，并又经过重庆时，都曾来看我……

去年七月我在长沙时，有几位不相识的读者，献纳七七献金时，都直接寄给我私人收转。

从以上提到的时间来看，一九三三年七月至储安平出国前，一直担任《中央日报》的副刊编辑，当然其间还短暂地编辑过《文学时代》杂志。储安平回国后，依然是回到《中央日报》，并随报馆迁往长沙、重庆。《中央日报》迁往长沙是在一九三八年，后于当年九月在重庆复刊。可以看出，一九三八年七月，储安平在长沙（长沙"七七献金"一事也不可能是在一九三七年七月，应是一九三八年七月，此可以两相印证）。既言"去年七月在长沙"，则此文应写于一九三九年，储安平时年三十岁。这时储安平的

"文学兴趣"已经"不能增高",同时对于政治抱"超然"的态度了。不过,这种"超然"的态度在抗战结束时也已经不复存在。

在谢泳的《储安平与〈观察〉》一书中,对于储安平与《中央日报》的关系是语焉不详的,仅有一句:"储安平后来一度做过《中央日报》文学副刊主笔。抗战军兴,随报馆迁往长沙。"这里的时间非常模糊,职务也不精确。而且,目前储安平研究者对于回国后、创办《客观》和《观察》之前的储安平的描述都是非常模糊的。那么,储安平创作于这一时期的回忆文章《我编辑副刊的自述》就应值得关注了。

这里不妨对储安平回国和离开《中央日报》的具体时间再缩小范围。储安平出国年份是一九三六年,按上自述当在一九三六年六月以后,而一九三八年七月以前,储安平已回国是毫无疑义的。至于离开《中央日报》的时间应该是一九四〇年底以前。王雨霖在《储安平在国立师范学院》中说:"一九四〇年十一月,储安平应聘为国立师范学院公民训育学系教授。"据许君远回忆,一九四〇年末,奉国民党中宣部之令,《中央日报》由陈博生接办,"陈博生任社长,詹辱生任总编辑,我任副总编辑,孙伏园任副刊编辑,刘尊棋任翻译,董品祯任国际编辑"。《中央日报》改组后,储安平并未继续担任副刊编辑,而是孙伏园接任。储安平应在陈博生改组的前不久离开了《中央日报》,这也与王雨霖先生所说是符合的。

另外,笔者还发现几篇《储安平文集》所未收录的文章。如原载《公教学校》一九三六年第二十一期上的《运动员在竞赛期内所需要之营养》，以及发表于《中国青年》上的《义大利与英国》《欧洲的新局面》等文。

附：
我编辑副刊的自述
储安平
一个人的编辑态度足以说明他一部分的为人态度。

（一）

民国二十二年七月至二十五年六月，我在南京《中央日报》整整编了三足年的副刊。

至今只有一件事，使我对于那次接受那个职业，有若干惋惜，就是因那（为）接受了这个职业，我差不多毁灭了我所有的文字的前途。记得有个大文学家说："一个作家要成功，他千万不可担任编辑。"他这句话，至少以我的感想来证明，是含有很大的真理的。一个编辑他有最基本三件工作。一、要看许多自己不愿意看的稿子。二、要写许多自己不愿意写的信件。三、他的脑力要常常逗留在怎样去拉稿，搜集材料以及变换编排格式等的事项上，就这三种最基本的工作，已够损耗去你大部分的智慧了。

我本来是一个写散文的人，我早期在《新月》月刊上发表的几篇东西，都是散文。我最近的一篇散文，叫《豁蒙楼暮色》，还是远在二十一年暮春写的。那时有许多朋友都觉得我写散文很有希望，但是自从我编辑副刊以后，我的灵感便渐渐滞钝，我的情绪也渐渐干枯，我以后只写过几篇小说，再没有写过一篇像样的散文了。

还有一个理由使我的文学兴趣，不能增高，我在政治上是一个超然的人，我至今还保持着我自由的身份。《中央日报》有两重人格，在政治上，它是中国国民党的最高党报，在新闻事业上，它是一个新闻报纸，我始终以一个技术员的身份，在偶然的机缘下，在《中央日报》社服务。我不知道我这种态度，对不对，应当不应当，但是我觉得这样是可以的。我这次回国后再进《中央日报》，也仍然是抱着这样一个新闻事业技术员的身份。但是当人家不明真实情形不免容易发生误会。在中国的市场上，文学和政治发生了关系，而那时国内文坛的势力，正掌握在与我所服务的报纸所代表的一种政治立场相反的一个政治圈里。当时文坛上的门户之见很深。所以一般超然于政治以外的文学家，都感到孤独，而我就是许多孤独的文艺者群里的一个。

（二）

除此之外，我对我那可纪念的三年，没有任何遗憾。而且在那三年如一日的日常编辑生活中，使我培养了我最基本的办事精神，就是负责与正直。特别是前一项，这差不多已成了我这一生里最基本的为人态度。

我写这篇文章，因要在数小时内交卷，既没有时间好好构思，只得就一时思绪所及，零乱地一述我这三年副刊编辑的态度与经历。当我初入报社，在最初的两年中，我虽不感觉痛苦，但精神上却有时不免感到苦闷，我和我的社长是完全不相识的，报馆里的编辑部主任、经理部主任，以及编辑部的同事，我和他们都没有任何渊源。这倒无关紧要。最使我不安者，就是我的趣味和许多同事不甚调和，因为我是纯粹的一个新文学家的身份。而以我编出来的副刊，不甚合当时报馆里大部分人的口味。读者不要看轻这一个事实，一个人最苦痛同时也最感不安的，就在当他感觉在他周遭的一群中，在思想上及意趣上他完全是孤立的时候。

幸而那时我报馆里有一点可以称颂的地方，就是我编的副刊和报馆里的人的趣味虽不调和，但他们对我却并不如何干涉。所以我只在精神上感到不安，在编辑上，我仍保持我的主权。这种情形之下，我也比较能保持我自己的格律。

我接编副刊之初，约了一部分新文艺界的朋友来撑场面，所以当时在南京的青年学生群，对于我编的副刊，有很大的兴趣。但是有一点极为不幸，就是我的上司对于新文艺界太隔膜，他对于新文艺界的人物完全是陌生的。这一层，就间接说明他不容易明白并欣赏我在编辑和拉稿上所下的气力。但是这一层我决不去理会。报纸的成功，就全看它能否得到社会的同情，我编的副刊只要得到读者的爱誉，我的努力就得到了报酬，同时也就间接报答了我上司对我的信用。这点我总算获得成功，是在我这样惨淡努力了两年之后，有一天，我才第一次收到我上司给我的一封信，他说我最近副刊内容很好。从这时起，他对于我的努力，有了相当的了解。

(三)

现在我要来说说我编辑副刊的态度和我为人办事的精神。作编辑人最易犯的毛病，就是私心。朋友的稿子不管好劣，一律采用，不相识的读者投稿，理会都不理会。这种自私偏心，是中国人最要不得的一个劣性，我反对这种编辑态度。在大体上说来，我自承我是一个比较公正的编辑。我审阅稿件，完全以稿件的内容为标准，好的即用，不好的即不用。普通编辑都怕退稿，尤其怕退熟人的稿件，但"退稿"在我是家常便饭，我退人家的稿件，既无所不安，也无所惭愧，因为稿子不好，退给人家，是天下最合理的事情。不仅普通朋友的稿子退，最好朋友的稿子，不合用时也退。不仅写信退，甚且当面退，谈天归谈天，公私分明，这是我向来的风度。二十二年夏，我初编辑副刊时，我的情人从北平寄来了三篇稿子，但我一篇都没有用。我将她的稿子退给她，我说明我的理由，我觉得我这样办理，是最痛快安慰的事情。

阅稿既一秉大公，所以我就最不欢迎人家介绍稿子，尤其憎恶写稿者四处托人将他的稿子介绍给我。稿子可直接寄来，无庸托人介绍。托人介绍徒然使介绍人和编者增加为难。所以我在我编的副刊上，刊登投稿简则时，常有这样一条：稿件请直接寄本报，不必托人介绍。

有时我的上司，也有稿子介绍给我，我不用也照样退给他。他并没有任何不愉之感，这点是他的长处。上面的人能尊重下属的职权，下面的人能不曲承上峰的欢心而溺职，这样事业才能办理得好。

（四）

我在这儿不妨说一个故事。有一次，金陵大学有两位同学，在同一天写给了我两篇译文。两篇译文的原文同是一篇，他们也许都是向图书馆借出来翻译的，一位姓章，他是我编辑副刊的经常撰稿者之一。我和他本不相识，也是因投稿而做了朋友的。他的译文是晚上送到的，另外一位好像姓许，他从来没有向我的副刊投稿过，这是第一次，他的译文是下午送到的，他们两人的译笔差不多，我觉得我应当采用许君的一篇，因为他的一篇先到，我将章君的译文退还给他，我附给他的信说：

许君的译文较你的先到，我应当先用他的。

况且，你和副刊有了一年以上的关系，我们也已有了好几个月的友谊，你对我已有了相当了解。我现在将稿子退你，你不致于对我误会。但是我又用了你的一篇，而将许君的一篇退还他，他一定说我私心，因为他知道你常替我们的副刊写稿，并且他也知道我们是相熟的朋友。他如有这个误会，我们都无法解释，幸而他的一篇比你的先到，我相信我这样处置是对的，你一定会赞同我这种态度的。

（五）

做编辑的人第二个最易犯的毛病，就是收到了稿子不看，随手一搁，以致愈积愈多。应当退的稿子不退，应当复的信不复，这种编辑态度，实在最要不得。我从我接编辑副刊起，我便立了一个原则，就是当天收到的稿子当天写定。但是这句话，我并未能绝对办到，有时因为其他的事情，也有当天收到的稿子第二天才看的。但是大体上说来，我差不多总能将每天收到的稿子看定，而且看得相当细心。

我们的投稿条例是寄附退件邮资的稿子，如其不用，退还作者，不附邮资者即不退还。所以我每篇稿子看过后，凡是可用的，即留下来，凡是不合用的，没有邮票的随手撕去，附有邮票的随手写个一封信，退还作者。因为惟有这样，每篇稿子随手清理，遂能不致于堆积起来。

凡是决定用的稿子，即批一"用"字，并在第一页右上角将全文字数标明，使下次编排时，一目即知这篇文章有多少字。凡是当天不能决定用的稿子，则批上"待复阅"三字，留在一二日内带回家去复阅决定。凡是虽未附邮资而字数甚长的，我也仍然暂代保留，以便万一以后作者来函查询时，仍可还他。我们都是在文字中生活的人，了解文人的苦痛、尊重文人的心血，所以太长的稿子，虽不采用，也不忍一下子便给它毁灭。

我备了一架有许多抽屉的长橱，抽屉上注明着"待用稿""待决稿""待领稿""废稿"等字样。每天收到的稿子，看完以后，便视批决的标准，随手将它放在不同的抽屉里。第二天要编时，只须将"待用稿"的抽屉打开。有的作者在投稿时，说明如不用留待他自己来取者，他来时，我便只须将"待领稿"的抽屉打开，如此节省时间不少。

（六）

退稿时，有的不须另备复信，但有的则必须附一封信他。譬如（一）作者有信附来者，如属必要，退稿时也应复他一信。以示编者的礼（貌）与负责。（二）有时退稿，不仅退他，还该说明退稿的理由，使作者不致误会愤怒。（三）有时作者这篇稿子虽不可用，但这个作者并非完全无望者，在这种情形下，我也要写很恳切的信给他，劝他不要因为此稿退还，而灰心写作。特别是第三种情形下，我曾因此种信札结识了许多可爱的青年朋友。最好的例子就是我去年七月在长沙暂代编辑《中央日报》副刊时，有一位刘君写了一篇论文来，并附一信述及其身世。

他是一军人,且于抗战后曾身经许多次战役者。我劝他不必写论文,因为这对于他不太合适。他既有可贵的抗战实际生活,还是写些作战的经验好。他的文字虽然不好,但我究□替他修改。结果他后来寄来了好几篇《血的记录》,记述参加嘉兴夺城战诸役的经过,成为了报纸上最有声色的文字。这位刘君本在常德,他后来到长沙,并又经过重庆时,都曾来看我,可惜那两次均未遇到,他现在成都中央军校。其他几位军界同志,也都在我这种鼓励下写了好几篇真正的战争文学,这种事情过去太多,我也记不得许多,现在只能举出最近的一两个例子。

同时写信也不一定与投稿有关,有许多青年,爱写信给编辑先生,请他指示研究文学的途径,介绍可读的书本,甚至义务修改他的作品。凡遇到这种事情,虽然繁重,我也照例很负责地随时给他们写复信,勿使投函者失望。一个人在社会上的信誉不是一朝一夕所能致立的。人家写信来请教你,至少因为他对你有相当的信仰。要人家对你信任很难,要人家对你不信任很易,所以我们在世为人,不能不随时随地小心努力。我在副刊上编辑任内,差不多每天都要写到二十封以上的信。我相信只要一个人为人负责,他定可获得社会的信任。去年七月我在长沙时,有几位不相识的读者,献纳七七献金时,都直接寄给我私人收转。虽然次数不多,但我并不看轻这种事情。我们年纪还轻,在社会上的资望还太浅,我们应当永远本着这种态度去努力做人。

(七)

遇着有希望的投稿人,我常常写信去鼓励他们,已如上述。同时，凡已在我副刊上投稿稍久，而其文章理论超而不俗者，我必设法去和他做朋友，或者约他到报社里来一谈，或者约期我专程去访问他。所以后来帮我写稿子的人，虽然有许多是我的朋友，但在我未编副刊以前，我和他们都是不相识的。我觉得一个做副刊编辑的人应当这样做。刊物编得好，单靠编者一人之力还不够，还得靠读者作者共同帮忙。编者和作者能时常保持接触，这种刊物才有好处。

（八）

刊物要编得好，既须编者作者通同协力，所以报馆对于投稿人应当尊重和优待。一般报馆或编辑人，对投稿人都不十分看重。这种错误的心理应当纠正。过去一般办报的，在这方面，实在都够不上。他们的眼光太浅，他们的气魄太小了！我是赞成"公道"的，好稿子便应当付高价值，天下决没有付极低的稿费，而可以收到极好的稿子的，即便能够，也不公道。报馆本身是一种文化事业，所以对于文化者，更应当同情，更不应剥削。所以我编副刊，我总尽我可能的力量将稿费提高。我在南京编副刊时，最少千字二元，千字三元亦极普遍，真正好的文字，虽付四元亦不吝啬。因为惟有你肯出高稿费时，你方能常常收到好稿子，而刊物要编得好，又全靠来稿好。我上面所说的稿费，本不算丰富，但在一般报纸副刊的标准，这样支付，已不算低了。

但是报馆有报馆的预算。报馆既不能随便增加稿费的总额，于是有时只好由我自己来多写些稿子，不支稿费，以之调整，庶可一方面给投稿者相当合理的稿费，一方面又可不超出报社预算的总额。

物质上既受环境限制，于是只好在精神上给作者一点安慰，就是给予他们种种方便。比如领取稿费的手续。在我初入《中央日报》编副刊时，投稿人领取稿费，甚不方便。第一，领取稿费的时间没有规定，投稿人去领时，有时恰巧出纳员不在，白跑了一趟。我后来主张在稿费单上规定领取稿费的时间，以免作者白跑。第二，外埠的稿费，从前是先将稿费单寄给作者，再由作者盖章签字寄回后，报社始将款子寄出。我觉得如此太麻烦。有时一笔稿费只有二三元，作者要花一角几分邮票将原单挂号寄回，在时间上经济上，都说不过去，所以我改了一个办法，和会计室说好，外埠稿费即凭我每月终的通知，直接寄汇。

每个投稿人，特别是外埠的投稿人，他的稿子在我的副刊上刊出后，我必将当日的副刊寄一份给他，使他可以看到自己刊出的稿子，并可有一份以留纪念。有时他们如寄信来希望再寄他们一份者，我也替他们办到，我这样做，可以使投稿者对我发生很关怀的感情，他以后如有好的稿子，他一定会先寄给我的。

以上所说各点，都极琐碎，但是说明我一部分的做事态度。可惜匆促下笔，不免前后极乱，毫无系统，还请读者原谅。

（收入《记者经验谈》，程其恒编，桂林铭真出版社，一九四三年版；重庆天地出版社，一九四四年再版）

作于二〇一〇年

文坛『剑』客刘任涛

其人其文

刘任涛，一九一二年生，湖北黄梅王埠乡刘畈村人，现当代剧作家、眼科专家。一九一七年开始在黄梅文昌阁第二高等小学堂读书，其间在表哥王文安家认识青年胡风。诗人王文安与胡风是黄冈启黄中学同学，二人引为知己，喜好新文学。一九二二年王文安病逝时，胡风去他家拿走王文安的新诗集《朝露集》，给刘任涛以深刻印象。

一九二六年，年仅十四岁的刘任涛因一时的激情与好奇到江西九江参加北伐战争。一九二八年到省城武汉考取某师少尉医官，到南昌就任，在一个青年中尉医官的推荐下阅读温州作家叶永蓁的小说《小小十年》，从此更加爱好文学。一九三一年看了《西线无战事》后产生反战心理，借母病重回到黄梅。

居家未久，转赴南京。一九三二年秋，由南京到上海办理留学日本的手续，后在暨南大学王学文教授的引导下留在上海，师从著名眼科专家张锡祺，学习一年后考入南京国立陆军军医学校。一九三五年军校毕业后到福建泉州开办个人诊所。其间，酷爱文学，并在某师任军医，参与社会实践。

抗日战争爆发后，目睹国土沦陷、人民陷于水深火热之中，基于爱国热情，立即投入救死扶伤工作。一九三七年冬，在浙江龙泉先后结识石凌鹤、何家槐、邵荃麟、葛琴、王朝闻等著名革命文艺家，并接触他们主编的《龙泉快报》《大家看》《龙泉画报》等，受革命思想影响，接受中国共产党的领导，并参与开展革命戏剧活动。一九三八年白求恩来华，撰长文表示欢迎，号召全国医护人员向白求恩和南丁格尔学习，发扬人道主义，积极开展抗日救死扶伤工作。一九三九年冬，为纪念白求恩之死，创作戏剧处女作《血十字》（独幕话剧），邵荃麟大为激赏，推荐金华中心话剧团演出。石凌鹤介绍到洪深在重庆主编的综合性杂志《抗建艺术》发表，旋即编入《抗战独幕剧选集》，作为常演剧目，由石凌鹤作《〈血十字〉演出说明》。同时喜读邵荃麟的四幕话剧《麒麟寨》，决定当剧作家。此时任南昌一〇九兵站医院院长，在留日作家徐先兆的介绍下结识革命家黄道。黄道请美国记者史沫特莱女士采访报道刘任涛的救伤贡献，称他为"中国的白求恩"。一九四二年任上饶医院院长，在抗日反细菌战中发挥重大作用，受到政府嘉奖。同年在《前线日报》副刊连载散文《飘烟集》和报告文学《信江呜咽记》，揭露日寇占领上饶的系列暴行。一九四五年冬，三幕话剧本《生命是我们的》

（初版由许杰作序）由上海图书公司出版，上海儿童读物出版单位还出版了该剧的连环画，一个日本人将它翻译到国外出版，郭沫若读后为再版本作序。《生命是我们的》曾在上海公演，胡导导演，冯喆主演。

一九四六年在上海虹口开办眼科诊所，与邵荃麟、葛琴夫妇住在一起。胡风也经常来讨论文艺理论问题，并提到王文安，说他若不英年早逝会是我国优秀诗人。上海解放前夕，因策划"重庆号起义"被捕入狱，后因朋友援助安全脱险。不久创作电影剧本《生命交响乐》，上海国泰电影公司开拍，徐苏灵导演，乔奇、张莺、魏鹤龄主演。

一九五〇年创作纪录性电影剧本《健康之路》，由北京新闻纪录片厂拍摄，沙丹导演。同年创作四幕话剧《祖国在召唤》，后改名《当祖国需要的时候》由人民出版社出版，此剧由朱端均、胡导导演，在上海公演，演员有乔奇、魏鹤龄、林默予等，反响重大，赞誉一片。同年加入上海作家协会。一九五一年春，陶金、顾而已决定将《当祖国需要的时候》拍摄成电影，即《和平鸽》；陶金导演，主要演员有周璇、陶金、顾而已。《和平鸽》是周璇演出的最后一部电影。不久，在《华东卫生杂志》发表科教剧本《防治血吸虫病》，后由上海科影厂拍摄，郑小秋导演，为我国第一代血防科教片。一九五二年，受夏衍委托为反映大学生毕业统一分配问题创作电影剧本《磨炼》。一九五三年春，夏衍因欣赏他的优秀才华将其调入上海电影剧本创作所任专业编剧，其余编剧有著名作家、学者柯灵、马国亮、黄裳、唐振常、师陀等。其间创作电影剧本《生命摇篮》和动画片剧本《松鹤老人》。一九五七年上海新文艺出版社出版中篇小说《生命摇篮》。一九五八年回家乡湖北黄梅作眼科医生，培养大量眼科医学人才。一九五八年调任为武汉电影制片厂编剧，创作有《天堑飞渡》（与辛雷合作）、《没有马的马戏团》《晚霞》。一九六二年到广州珠影厂，先后创作《04号渔船》《光耀山村》《在海洋上》等反特、科研电影剧本。"文革"期间受到迫害，与美学家迟珂成为难友。一九七二年退休回到珠影。

改革开放初，创作《和平鸽》下集《手术刀就是剑》和《南海渔歌》。晚年仍笔耕不辍，转入小说创作，花城出版社出版长篇小说《光明使者》，另有短篇小说《眼睛》《收藏家的故事》《宁"左"毋"右"》《名医之死》以及剧本《山鹰电影队》。近年出版有《刘任涛文集》《刘任涛剧作选集》。

据笔者回忆，画家余绍青先生曾说："刘任涛大半生在文学与医学之间徘徊，张锡祺、夏衍对他的人生道路影响（左右）极大，可惜也因此未能跻身医坛、文坛。"此话令人深思。至今任何一本研究中国现当代医学史、戏剧史的专著都没有提到刘任涛。但是，作为"中国的白求恩"、人道主义民主战士以及现当代剧作家的刘任涛仍然有其值得发掘的价值。如在一本关于周璇的书里，提到刘任涛；在陶金的传记中，也可以看到刘任涛的事迹；当代著名诗人李士非为刘任涛写下一本长诗《逍遥游》；中国电影百年，珠影把刘任涛作为发展史上代表性人物。其实，单凭作为著名剧本《和平鸽》的作者，刘任涛的名字也将永远被记住，也应当在中国现当代戏剧史上写上"刘任涛"的名字。

文坛"剑"客

刘任涛的女儿、著名园林艺术家刘血花女士前不久对笔者说:"我父亲是一个很善良的人,性格十分好,他之所以认识这么多政坛、军界、文坛的著名人物,这些人都愿意与他接触,很大程度上都是因为他天真,只做好事。"我完全相信她的话。作为一个职业医生,他最初甚至可以说只是文学门外汉,而能认识邵荃麟、葛琴、石凌鹤、黄道、史沫特莱、柳亚子、郭沫若、周璇、夏衍、胡风、梅白、迟珂、黄苗子、章西厓、陈荒煤、陶金、秦牧、李士非等一大批一流的文艺家,在他们的书信、日记、文字中都能见到刘任涛的身影,我想这绝不是他作为一个戏剧家就能够做到的。

刘任涛初入社会,是作为一名军医。当时他的同乡、桂系领袖之一、时督办湖北军政的胡宗铎对他说:"你是将相才,不应当学医,应当学带兵打仗,当军官。"然而,年轻的刘任涛并不为所动,他很快就厌倦了战争,开始拿起手中的笔反映战争的残酷,并开办个人诊所,救病扶伤。从这里,我们可以看出刘任涛不为军官前途所诱惑,毅然走上一边行医、一边从文的道路。如果不是有着一颗天真、善良的心,他如何能够做到?

"手术刀就是剑"(刘任涛语),就这样,文坛上多了一位"剑"客,医学界多了一位作家。他说:"我是医生,我的服务武器是刀(手术刀);我是作家,服务武器是笔。医生的任务是治病救人,目的是保卫人的健康和生命;作家的任务是写人的真善美,批判假丑恶,促进人的思想进步和社会文明。"

早在一九三七年,邵荃麟、葛琴也对他说:"你热爱生活,热爱人民,这是从事文艺工作的首要条件。医学是人学,文学也是人学,两者是相通的。我们希望你利用业余时间写些文艺作品。"就这样,《血十字》《飘烟集》《信江呜咽记》《生命是我们的》等著作在抗战期间纷纷出炉。新中国成立初,他创作了一生最负盛名的《和平鸽》,著名演员周璇情不自禁地说:"《和平鸽》,你写的题材好,女护士这角色,我喜欢演。"终于,当时的中国文坛大领导夏衍看中了刘任涛,对他说:"我现在兼任上影厂厂长,等米下锅,没有自己的编剧不行,你一定要支持我。"于是,一名医生正式进入了中国文坛——他于当年调任上海电影剧本创作所任专业编剧,与他同事的十几名作家中,柯灵、马国亮、黄裳、唐振常、师陀等都是现当代文学史上如雷贯耳的文豪。

当然,对于这个"剑"客的到来,也有人表示担忧和不解。一九五三年,刘任涛到北京参加全国第二次文代会。他这次分明就是以一位中国著名作家的身份与会的。刘任涛利用空闲时间,再次拜访了少年时的偶像胡风先生。胡风很惊讶地说:"放弃眼科专业走进中国文艺圈?将来你要后悔的!"只是这时的刘任涛因受夏衍、郭沫若等文坛领袖的提携,正步步高升,并未听进这个乡贤的忠言。

二十世纪五六十年代,刘任涛迎来了他一生中最辉煌的创作期。他真正成为一名中国著名剧作家。然而,他不可能不清楚一九五五年"胡风反革命集团"事件，以及此后胡风及所谓胡风分子的受难史，但这些都没有改变刘任涛的文艺道路，他先后担任武汉电影制片厂编剧、珠江电影厂编剧。

刘任涛在武汉电影厂最大的收获是《天堑飞渡》。一位知情人回忆说："在武汉厂的主要工作就是同辛雷合作写一部反映武汉长江大桥建设的故事片剧本《天堑飞渡》。而拍摄电影的任务是周总理下达的。为了写好剧本，他前往重庆和广州，到正在建设的长江和珠江大桥工地体验生活，又赶往南京，跟踪采访正在勘查大桥桥址的大桥局局长彭敏，获得了不少珍贵的素材。一年之后，执笔写出了剧本初稿，经审查又做过多次修改，并到南京大桥工地补充体验生活，不幸跌断了右腿膝盖骨，治疗养伤时又继续修改形成第四稿送呈文化部审查被认可。可惜因中苏关系的恶化，电影未能拍成。从剧本来看，线条清晰，故事紧凑，人物形象也比较鲜明。"通过这段回忆，可以想见刘任涛当时以文艺反映社会主义建设的热情。

然而，类似"胡风分子"一样的命运，也很快降临到了他的身上。在"文革"期间，他受到不公正对待，饱受迫害。如果他不是作家，而是一名医生，会有如此惨烈的境遇吗？一九八四年，他的乡友、曾任湖北省委副秘书长的梅白赋诗赠刘任涛："少小从军去，金陵苦读书。刀刮胡风目，钳移刘帅珠。光明贻患者，坎坷属征夫。有眼生前默，奇哉'志愿书'。"对于当中"坎坷属征夫"，刘任涛不会不生发感慨吧！

人道主义者

早在抗战期间,刘任涛先后担任南昌一〇九兵站医院院长、上饶医院院长,其间做了大量人道主义工作。美国作家、记者史沫特莱女士当年采访了他,向全世界报道了兵站医院的实况,评价他"这是我见过的国民党中最好的医生","他是中国的白求恩!"刘任涛任上饶医院院长后,及时发现并指挥迅速扑灭了日寇制造的鼠疫,粉碎了日寇企图通过交通要道上饶把鼠疫传到大后方的罪恶阴谋。

人们都知道外国医生为刘伯承元帅治疗眼睛的故事,这个故事可能有一定的虚构,然而刘任涛为刘伯承元帅治疗眼睛并安装假眼绝对是真实的历史。一九四九年六月底,第二野战军后勤部长刘逸峰专程找到刘任涛,要求刘任涛为刘伯承元帅安装义眼。刘任涛当即表示同意。见面后,刘伯承元帅还笑称与刘任涛是本家。刘任涛检查过刘伯承元帅的眼睛后,从张锡祺老师处挑选了一对适合刘伯承元帅的义眼,很快地安好了。刘伯承元帅对这眼睛很满意地说:"谢谢刘医生。"不久,中华人民共和国成立,刘伯承元帅就是戴着刘任涛安装的义眼,以人民革命军事委员会委员的身份,与毛泽东主席、周恩来总理等人一起登上了天安门。

新中国成立后,刘任涛一边创作,一边义务为人民群众治病。一九五八年五月十九日《人民日报》第七版发表曾文治写的、以《刘任涛深入实际为群众治疗眼疾》为题的报道:"作家协会上海分会会员、中华全国医学会眼科学会会员、眼科专家刘任涛，解放后为祖国人民写出了数部为群众欢迎的《生命交响曲》《当祖国需要的时候》和《生命的摇篮》等影片，这次他体验生活，从上海回到故乡湖北黄梅县。为了响应作协'实际工作第一'的号召，他带了眼科器械，住在黄梅国营龙感湖农场，计划一年诊疗眼病一万人次，各种眼科无菌手术一千个，并培养三十个县和区一级的眼科专业人员。他在二月二十五日开始工作，到四月二十四日共看眼科门诊四千一百二十九人次；三月七日开始手术，到四月二十九日已完成眼科无菌手术（包括砂眼性的内翻倒睫、翼状胬肉、造瞳等）四百二十六名，平均每日门诊六十八名，手术八名，仅手术量已超过九江专区人民医院眼科手术的十一倍。"并附有曾文治摄影"刘任涛在看病"的图片。

刘任涛晚年的一位朋友还在一篇追忆他的文章中披露了他在"文革"期间的两段"人道主义往事"："曾被诬蔑为历史反革命打入牢房的刘任涛，一九六八年在牢房认识了一位因反对打倒刘少奇而被关押的十五岁印尼华侨姚银海。后来姚银海不知去向，他一直牵肠挂肚。刘任涛出狱后，一九八〇年看到中央为刘少奇平反了，立即提笔写了《你在何处——小'赤子'姚银海？》的文章，要为姚银海伸冤求平反。一九八〇年五月二十七日《羊城晚报》的《花地》副刊登载了这篇文章。在记者和读者们的热心帮助下，广东省侨办等有关部门积极支持，很快就找到了还在英德华侨农场监督劳动改造的姚银海。六月二十一日，广东省公安厅为姚银海正式平反，恢复名誉。八月七日，姚银海离广州赴香港，和从雅加达专程赴香港接他的八十岁的妈妈团聚。刘任涛在广州到车站送行。"

第二件往事是："'文革'中他是监管对象,在粤北五七干校劳动时发现山村里有位贫农老太太双目失明十多年了。刘任涛自告奋勇,用自己刮脸的刀片,为这位老太太开刀动手术。手术成功了,几天后老太太做起针线活来了,农民们把一张大红纸写的感谢信贴在了干校的土墙上。当时有人表示对他的壮举称赞,同时又告诫说:'这太冒险了!万一失败他们就会说你是"阶级报复"!'刘任涛想了一想,回答说:'我拯救了自己的灵魂!'"

晚年的刘任涛曾说:"我这一生,坐过国民党的牢,也坐过共产党的牢。我到底是一个怎样的人?我想,我是一个彻底的人道主义者!"我想这不啻是他的夫子自道。

作于二〇〇五年

三子 叶公超与「骆驼草」

最近读到傅国涌先生的《叶公超传》，不由得想起叶公超的得意弟子梁遇春，还有他另外几个弟子和学生，如早年在北大的石民和废名，后来在清华的钱锺书、常风。无论中国现代文学史还是文化史，抑或外交史，记载叶公超的痕迹都显得若有若无。他的弟子及学生也有着同样的命运，虽然废名、钱锺书后来受到学界相当的关注。但长期以来，他们蒙披历史的尘垢，早已淡出学人的视野。当中又尤以石民、常风为甚，何曾有谁知道有个诗人叫石民，有个书评家叫常风？即以《叶公超传》为例，其中对于石民只字未提，可见石民被遗忘的程度，而傅先生关于其他诸人也只是片言只语，显得语焉未详，这对于读者未免是件憾事。

废名出生于湖北黄梅县城东门，不久父亲做了当地劝学所视学，是个小官，但家道由此中兴。那时叶公超的父亲在九江做知府，叶公超便生于九江。九江与黄梅一江之

叶公超

隔，古时同属浔阳郡。一九一七年他们都离开了家乡，废名往武昌启黄（黄冈）中学读书，叶公超去了南开中学。后来，叶公超赴美国、英国攻读外国文学，并在法国巴黎大学做过短期研究工作，后到北京大学教书，成为北大历史上最年轻的教授。

废名考进北京大学的时候，梁遇春、石民也赶来了，他们是同班同学。最初，他们并没有太多的交往，都沉迷于新文学和外国文学。对于初进全国最高学府的青年学子来说，积累知识和学问肯定是最重要的，交朋友往往会疏忽。何况他们都有后来梁遇春所说的"不随和的癖气"之特色，他们的特立独行在北大校园是很著称的。相形之下，废名还是要活跃得多，显现出名士之气。他的文艺活动很早，刚进大学就发表诗歌和小说，引起胡适、陈衡哲等及一些师生的注意。他还加入浅草社和语丝社，并且常常登门拜访周作人、鲁迅、胡适等人。五十多年后，叶公超在台湾回忆说："冯文炳（废名）经常旷课，有一种名士风度；梁遇春则有课必到，非常用功。"这样，废名在北大成为较早脱颖而出的文学才子，而梁遇春、石民还在刻苦用功地学习，感染着外国文学的风致和精神。

废名以小说《竹林的故事》驰名于文坛后，梁遇春、石民也开始分别以散文和诗歌名世，而且他们两人还是翻译的好手。梁遇春成为人生派散文的青春才子型作家，石民成为象征诗派骁将，就是在那时形成的。他们三人在文学史上的地位也在那时开始奠定，又因相似、共通的审美观和文学趣味，再加上北大同学的关系，成名后走在一起也是必然的。

叶公超与"骆驼草"三子

叶公超和梁遇春的关系异常密切,梁遇春也因叶公超的关系喜好英美小品文,二人尤嗜兰姆。一九二八年,叶公超到暨南大学任教,便约请刚刚毕业的梁遇春做他的助教。于是梁遇春获得了"少年教授"的美誉,这很令人想起叶公超初到北大。

叶公超、废名、梁遇春和石民的友情在废名主编《骆驼草》时期和梁遇春逝世前后表现得最令人羡慕和感叹。那时废名、梁遇春因叶公超的缘故与《新月》关系密切,以致叶公超晚年还说废名是"新月派小说家"。叶公超与废名的关系早就突破了单纯的师生之谊,他很尊重废名不一般的文学才华和影响,在北平他多次向苦雨斋老人询问废名的情况,并登门拜访废名,还将自己的《桂游半月记》手迹赠予他。

梁遇春在上海真茹(今为真如)的时候,与石民通信颇多。一九三〇年初返回北大之后,几乎天天与废名在一起,与石民的通信也更加地多起来。这些信件成为后世文人接触梁遇春的文字和他们之间的友谊的最直接和最原始的资料。记得废名曾在《悼秋心》中就盛赞梁遇春的书信洒脱的文风和优美的意蕴。这些书信,真是一篇篇好散文,让我们接触到更真实的梁遇春和他的文字。世人都说梁遇春是青春才子,风度翩翩。其实这是诗人应有的气质,而石民正是这样的一个诗人。温源宁曾对废名和梁遇春说:"石民漂亮得很,生得像 Angel!"梁遇春也说石民具有"彻底的青春",而一般人想象的少年公子形象的梁遇春却以暮气满面的"中年人"自居。废名则有隐士之气,梁遇春连连在致石民信中佩服废名的静坐功夫。三人的性格有些不同，各自的文体偏好也不同，而能走到一起，这真是文坛佳话。

废名主编《骆驼草》的时候，常催梁遇春写稿，其中有几篇关于失恋的文章是背着妻子写的，偷偷拿给废名发表。《骆驼草》是个小型周刊，由废名主编，冯至做助手。这是一个同仁刊物，著名的京派发轫于此。只可惜，不到半年就停刊了。废名对《骆驼草》颇有感情，这是他北大毕业后亲自主持筹办的刊物，但终因冯至出国和其他原因，未能维持下来。一九三〇年十二月五日，也就是在停刊后一个月，废名又有了复兴《骆驼草》的念头，并邀请梁遇春担任些职务，可惜梁遇春固辞。这个刊物，算是永久停了，但他们之间的友谊之花并不因此而凋谢。

一九三一年初，石民因与北新书局老板李小峰吵架而失业，梁遇春托叶公超和废名在暨南大学、北京大学谋教书或办公处的职务，更希望废名能够成功，让石民在北京大学办公处做事，这样兄弟三人就"大团圆"了（梁遇春语）。石民失业后，愁苦了一阵子。幸亏诗人"愁闷时也愁闷得痛快，如鱼得水，不会像走投无路的样子"（废名语），若真是如此，诗人其有幸乎？！

废名、梁遇春、石民之间最能得人心的，恐怕是废名。梁遇春说："雁（按：指废名）飞去后，有时就觉得人间真没有什么可以畅谈的人。雁君真是不愧为红娘，他一去，你（按：指石民）的信就滔滔不绝的来，愁闷如我者，自己也不知道多么欢喜。"而对于事理的见解，梁遇春也常佩服废名的独到之处，他视废名如兄长。

一九三二年六月二十五日，梁遇春逝世。叶公超、废名等人发起追悼会，并收集整理他的遗著，结集为《泪与笑》出版，由废名、石民作序，叶公超作跋。这样四人师友的情谊在《泪与笑》中得到完整的保存下来。叶公超、废名、梁遇春在北平常有相聚的机会，倒是石民与他们见得少，以致梁遇春感叹说："雁君飘然下凡，谈了一天，他面壁十年，的确有他的独到之处，你何时能北上与这班老友一话当年呢？"没想到梁遇春先走一步，他们再没有一话当年的机会了。

石民后来在国立武汉大学谋得教职，他感念于他与废名的情谊，时常从武昌到汉口看望废名长兄冯力生先生，并以弟居。石民在一九三七年还有信请周作人转交废名，但万想不到的是诗人竟死于抗战之中，而那时废名已避兵乡间，与文学界断了消息。他知道石民的逝世是在战后。关于诗人石民（一九〇〇——九四一）不妨多提一些，湖南邵阳人，诗人、翻译家、编辑。著有诗集《良夜与噩梦》，译有《曼侬》（与张友松合译）、《巴黎之烦恼》《忧郁的裘德》等。他与鲁迅、胡风也有过密切交往。梅志曾引用石民内侄女尹慧珉的回忆说："石民有三个女儿，一个在英国，两个在美国。"石民的太太尹蕴纬女士一九九二年在美国逝世。

抗战爆发后，叶公超随学校迁到大后方，同时苦劝知堂南下，结果是不能令人满意的。知堂附逆了，接着是下狱。一九四六年秋，废名和冯健男经南京到北平。途中，借叶公超的关系探望了狱中的周作人。叶公超弃文从政，恐怕这是废名始料不及的。那时他们见面会说些什么呢？

到了二十世纪七十年代末，台湾出版《新月派小说选》。叶公超在序言中说："废名是一个极特殊的作家，他的人物，往往是在他观察过社会、人生之后，以他自己对人生，对文化的感受，综合塑造出来的，是他个人意想中的人物，对他而言，比我们一般人眼中所见的人更真实。废名也是一个文体家，他的散文与诗都别具一格。"叶公超在半个多世纪后对废名的文学成就仍然念念不忘，甚至把他作为新月派最特别的一个代表人物。但此时废名已谢世，此前二人海天相隔，并无交往，梁遇春和石民则早早长眠于地下。

在叶公超的弟子与学生当中，当然是钱锺书成就最高，同时也为世人所熟知。他与常风交谊很深，但与《骆驼草》三子似乎没有交往，也几乎不曾互相提及。常风与梁遇春一样，是叶公超的弟子，而石民、废名、钱锺书则只能算是学生。

叶公超是一代文化名人、政治名人，因种种原因湮没于历史之中。但他不是一个可以埋没的人，他们师友四人都不是可以埋没的人。《叶公超传》借助他人日记、书信以及回忆文章等对叶公超的生平事迹做了详细整理、爬梳，为我们提供一种新的人物传记的书写模式。但该传对叶公超与他的弟子及学生的关系描述不清，只怕是不应该的遗憾了。

作于二〇〇五年五月

小孟尝刘岐山

拙编《绮情楼杂记》出版后，引起过一定的反响，许多读者根据自己的需要从中寻找史料。其中，有一位读者来信让我遭遇了难题。他对我的"小孟尝"注解表示关注。我的注解是这样的："刘岐山，著名粤商，人称洪江首富，曾大力资助辛亥革命。"

在第一封信中，他问小孟尝刘岐山是否洪江人，并补充说："刘岐山是洪江首富，这是不错的，但是他不是广东人，祖籍是江西新淦人。他是我外公的父亲。"我接此信后，初答复称自己的注解无误。但这位读者依然不解，于是且喜且忧地发来第二封信：

眉睫先生：您好！奉复，甚感。如刘岐山确实是我们的祖宗洪江刘岐山，那真是喜从天降，无怪我等后辈欢欣雀跃，奔走相告。然而，思之良久，凡我长辈从来未提过岐山公有这段与辛亥革命渊源史，一点口风都没有，这很令人费解。我母亲是岐山公的嫡孙女，享年九十六岁，于二〇一〇年病故，当年她是刘家亲人中年资最高者，其与岐山公年代相距不远，她理应知晓一二，生前她也从未提过；所以，不得不心存疑虑，慎重研讨。设若一旦被证否，今朝闻喜，明日将贻笑大方……

随后，湖南的一个文化记者也给我发来邮件，称由于受到我的注解的影响，在当地媒体发布了"惊天发现：辛亥革命越南同盟会的小孟尝系洪江首富刘岐山"一类的新闻，因为洪江隶属湖南。可能由于在二〇一一年全国上映的电视剧《辛亥革命》中出现了刘岐山，所以才引起国人的关注，而我又指出这个刘岐山是洪江首富，所以引起湖南人注意。

但由于洪江首富刘岐山曾外孙的怀疑，我也开始质疑自己对小孟尝刘岐山的注释是否正确，是不是存在两个刘岐山。

终于，我在《侨乡台山·华侨侨属支持民主革命》一文中找到另外一个刘岐山，该文记载："《简明广东史》载，新宁光复后，民军首领卢鹤年、李海云之间互相闹矛盾，广东省都督胡汉民派出刘岐山为安抚委员到新宁调解，竟遭卢鹤年杀害。李海云出走开平县长沙，调集新宁、开平、新会三县民军，杀死卢鹤年，由前清官僚邓振廊任新宁县民政长（县长），政权便落入地方势力之手。"

那么，喻血轮笔下的小孟尝刘岐山可能是"广东省都督胡汉民派出"的"刘岐山"，大概于一九一二年逝世。这个刘岐山似是广东台山（新宁）人。

于是，我连连给洪江刘岐山的亲属和湖南的文化记者发去函件，澄清这个史实：此小孟尝刘岐山非彼刘岐山。

那么，洪江首富刘岐山又是何许人呢？是否与辛亥革命发生过关联呢？请看这则史料：

辛亥革命爆发，谁也没有预料到，正是这场战争反而成就了刘岐山，让他崛起在洪江富商的行列。当时因为战乱，洪江的桐油原料价格大跌，洪油在洪江的售价亦大跌，刘岐山却倾尽所有家产收购桐油原料制作桐油，储存洪油。辛亥革命之后，时局趋向稳定，社会比较安定，刘岐山便将所屯洪油全部运往江浙一带销售，战乱使得江浙一带的物资比较紧缺，洪油销售价格较高，刘岐山因此暴富。随后，他创办了庆元丰油号，以油号生意为主，同时兼营布号和百货生意，由于经营得当，刘岐山很快成为洪江巨富。（赵夏蓉《洪商刘岐山的传奇》，《吉首大学校报》二〇一〇年一月一日第五四四期）

原来，江西人刘岐山是在湖南洪江发了财，但此时的刘岐山已经六十开外了，他不太可能到越南做生意。我初步确定，辛亥革命中的"小孟尝"应该是广东台山的刘岐山。

作于二〇一二年

梅娘写给我的一封信

二〇〇八年底，我由一家杂志转入了某颇有名气的童书出版公司担任编辑工作。时任总编辑徐鲁先生命我申报选题，于是我将废名、孙犁、张秀亚、梅娘、冯雪峰、凌叔华等儿童文学界不太受重视甚至闻所未闻的作家作品报上去了。甚至，我认为这些作家的成就还高于一般人认为的儿童文学作家作品，至少他们的一些作品也值得当今的小读者们读一读。徐先生对此似很赞赏，我于是开展了组稿工作。

上面提到的诸位，我对梅娘不熟悉，其他各位的作品容易找，后人也好找，所以重点应该是了解梅娘的儿童文学作品。阿滢和董宁文老师向我提供了梅娘的地址、电话，于是二〇〇九年二三月间我向梅娘老师发出了约稿函。

三月底，我便收到了梅娘的回信，全文如下：

眉睫：

你的瞩目恐怕是看错了人，我的儿童文学作品，一般又一般，是不是值得重印？

上世纪四五十年代，应出版社之邀，写过些文章，如"青姑娘的梦"，这是一个系列。还写了几本，已经淡忘。如"聪明的南陔"，这又是一个系列。有文友在长春的图书馆里替我找到了一篇（附上）。记得比较清楚的是五十年代的北京出版社刊行的历史故事，我写了三则，有"吴用智取华山"，还有一本或两本，想不起来了，其中的"尉迟恭单鞭夺槊"手（头）有影印件（附上）。

谢谢你的关垂，"聪明的南陔"和"青姑娘的梦"，手中原有复印，不知丢到什么地方去了。报纸中散发过的，如"王戎的聪明"等。一概记不起来。文并不精美，数也不多，只能作为一个生活的注脚罢了。谨致谢你的殷殷之情，歉复。致歉！

祝好

梅娘

09.3.21

梅娘随函寄来的作品有两篇，一为《尉迟恭单鞭夺槊》《王戎的聪明》。前者署名为"孙如瑞编写"，可能是梅娘本人用笔将"如"改成"加"，又在"北京出版社"旁写上"时间？"似乎梅娘本人也不大清楚这篇作品的具体写作和出版年代了。体裁明确标为"通俗故事"，很难算是儿童文学。全文不足二十面，每面不足四百字，有些还配了插图，只有五千多字。后者更为短小，约四百字，也是历史小故事。

约稿是失败了,从回信来看梅娘似不是有意识地在创作儿童文学作品(《青姑娘的梦》,有周作人作序推荐,名气颇大,出版时虽标为"童话",据说也难算儿童文学作品),与我的期待有一定距离。不过,我仍未死心,心底里认为梅娘在沦陷区创作的小说也值得今天的学生阅读。当然,这也只有等待今后的出版机会了。

梅娘逝世时,我就有心将此信公之于世,或许对于研究梅娘的儿童文学创作提供一些信息。无奈心懒,一直不曾提笔。时早有人反驳"南玲北梅"一说,于梅娘逝时,又有人旧说重提,在网上推波助澜,搅动了一向平静的读书界。最近,陈言先生在《中华读书报》发表《"南玲北梅"之我见——兼回应谢其章之观点》一文。作者行文平和,论述清晰,从中读出一个学者的严谨风范。不过,作者认为"南玲北梅"一说"有其存在的价值和意义",我也不免持保留意见。毕竟二人成就高下,是否可以并称,仁者见仁、智者见智。梅娘也不必非要与张爱玲齐名才能体现自己的文学价值,其推崇者如非要将此"并称"(不管是梅娘本人,还是后辈学人传出来的,至少还没发现张爱玲本人的回应)固化,成为文学史上的名词,难免会遭"攀附"之讥。作者紧接着说"故而一味地反对,未免简略疏失",似乎"故而"不起来,前后并无因果关联(不能因为自己支持,故而别人反对就是错的),似宜应删除"故而"二字。不过,作为一家之言,该文从客观梳理"南玲北梅"一说的来龙去脉,以及回应了一些"意气"或"揣测"之说,具有一定史料价值。

来老给我的一封信

二〇一三年九月中旬,我忽然萌生了请来新夏先生为《梅光迪年谱》题写书名的念头。为了不显唐突,我事先问询了董宁文老师。他于九月十八日给我的短信答复说:"来老虽然已经九十一岁,走路很困难,但题字应该还是有可能的,而且由他题这个书名是不二人选。"并告诉了我来老的地址、电话。

于是,我很快地给来老寄去了《文学史上的失踪者》,并附信一封,很谦虚地表达了自己的意愿,并为打搅他老人家感到不安,而且也并未刻意要求他一定完成,一切随老人的意即可。

来老收到我的信,应该是在九月底。我国庆节放假,回武汉家里陪女儿了。由于难得回家一次,于是多待了几天,直至国庆休假后好几天才回到单位。刚一上班,就见到来老的信和题字,不久就接到一位老人的电话。老人说:"是梅杰先生吗,我来新夏。"当时,一股暖流涌上心

来新夏致作者手札

头,我简直不敢相信这是真的。我猜来老是问我怎么收到信件没有答复,赶紧在电话中如实交代了前因后果。来老听了,连说"没什么,没什么,只是问问了,收到就好,收到就好",还对我勉励有加。直到来老放下电话,我才迟迟放下这一头。

今年三月下旬,我又给来老写了一封信,汇报了《梅光迪年谱》的进展情况,并说过阵子打算到南开大学寻找梅光迪任教的资料,想到他府上看望他,听听他的意见。我一连等了数日,没有等到来老的答复,正想着是不是要打个电话问问。忽然,网上关于来老逝世的消息铺天盖地而来,我才知道来老已经逝世了。一种悲痛又袭上心头,在内心里,我将来老给我的题签和来信作为一种难得的缘分珍藏起来,甚至打算将以此信作为《梅光迪年谱》的代序,以表纪念。

我与来老的交往,是如此的短暂,却是感动与悲痛交加的过程。这位老人,在我的渺小的生命里,将有着不平凡的意义。大哲仙去,兹录来老之信如下,以供读者参考:

眉睫:

你好!

收到信件及大作,因正微恙初复,尚在休息,迟复为歉。

大作已通读,其中三分之一人我见过,1/3 人我读过他们的书,1/3 我无所知。在熟悉和补足空白方面获益良多,及至翻读折口读君简历,不仅(似应为禁)惊讶君未

《梅光迪年谱初稿》书影

及而立而专著多种。所惠大作，十年积累，尤见功力。反躬自问，不禁钦佩，复有感叹。回想一生从业，前30年，不是啦啦队，就是运动员，运动连翩，青春虚度，新增知识，乏善可陈，旧有知识遗忘多多。后30年，稍得宽松，心思"恶补"，成效甚微。见君未达而立，不禁哀叹老朽之衰微，叹君子之有幸，仰天一啸，"一代风骚让后来（先生初作'少年'，后涂改为'后来'）"，君其勉诸！

虽未觌面，心向往之。老朽年逾九旬，一事无成，目前艰于行，目眵手颤，久已拒为人作序、题签，而慕高才，亦求附骥。待精力恢复，天气晴朗，当尽力报命。尚祈有待，并请鉴谅。顺致
秋爽

九一叟　来新夏　顿首
2013.9.28

附及：

今日（10.2）天气晴朗，光线明亮，我也稍有力气，为君题签，但手颤，难完全控制，写了四五幅都不满意，只能从中挑一套寄去。写得不好，请君用电脑调配，选择修改，美化一点，少免羞愧。一切见笑后辈，好在脸皮已老，顾忌较少。谅谅！

随函寄去近出版之《邃谷序评》，博君一粲！祝节日快乐！

新夏
10.2

梁实秋的王默人
《孤雏泪》序

梁实秋是一代文豪，凡治文学者可谓无人不知。王默人却几乎没有人知道，或者只有深入研究台湾文学的专家才仅知其名吧！其实，王默人的文学成就是不低的，现在的台湾学者已经开始重视他的"文学世界"，并认为他"自成一个系统"，可以与以陈映真等人为代表的台湾乡土文学"相排比"（南方朔语）。

王默人，原名王安泰，湖北黄梅县新开镇六咀人。他与笔者为同乡，两家相距不过数千米而已。（不过我迟至高中毕业时才知其人，经过家人反复打听方找到其侄辈。）王默人生于一九三五年，曾在北平读书，后随国民党军于一九四八年底溃逃台湾。一九五二年开始发表小说，一九五八年出版处女小说集《孤雏泪》，梁实秋为之作序。可惜的是，此序不见收于任何梁氏作品集。陈子善老师所编《雅舍遗珠》亦不曾收录，堪称一篇佚序了。自二〇一一年来京工作后，我即往国家图书馆查询王默人著作，搜得

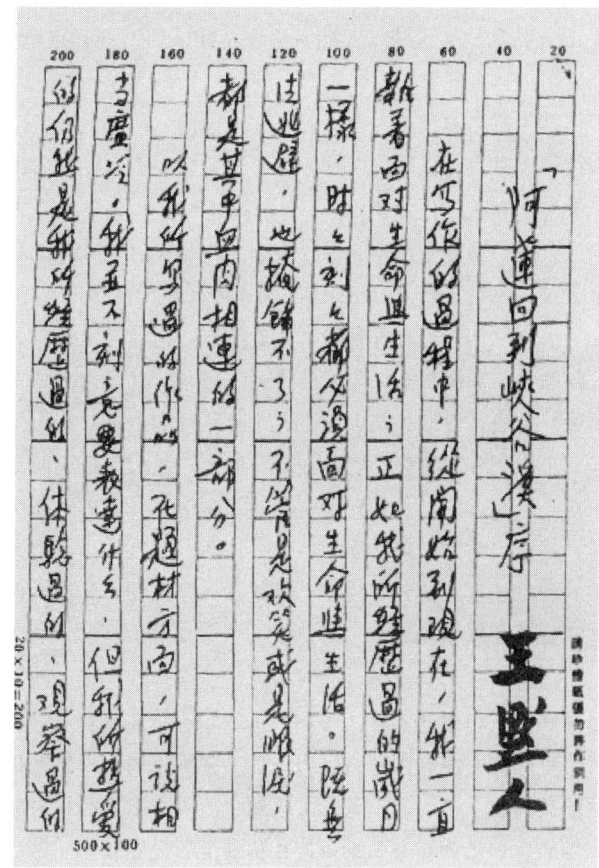

王默人手迹

《王默人小说全集》，于书中读到该序。

近十年来，我时时搜集有关王默人的文献资料（先后买到《王默人自选集》《王默人小说全集》等），打算像研究废名一样，能够写出《王默人研究》《王默人评传》一类著作。不过当时我认为他早已不在人世间（一些地方文献直接说王默人逝世于一九八四年，因为自一九八四年后再无关于王默人的任何消息）。一个偶然机会，我与王默人的好友周伯乃先生取得联系。没想到他也没有王默人的联系方式，并说王默人性格孤僻，不参加台湾的任何文学活动，一九八四年后离开台湾，远赴美国，与台湾文坛再无任何联系。后经王默人老家的侄孙王可凡（此名为王默人所取）相告，方知王默人至少九十年代还在世间。八十年代，王默人多次寄信、寄钱或著作回家，并表示极愿回到家乡。王默人的兄长，即王可凡的祖父于一九九五年逝世时，王默人得知后还寄来一些钱。不久，王默人在黄梅老家的妹妹还打电话到美国，可惜王默人已经转换住址，自此兄妹再无联系。

最近，从网上读到台湾《文讯》二〇一四年十一期的目录和前言，得知王默人还在人世间，不禁惊喜莫名。吴奔星哲嗣吴心海老师还将杂志上的"王默人研究专辑"拍照给我阅读。第二天，竟然又收到台湾林文宝教授寄来的当期杂志，从而知道王默人近几年在美国还创作了一部自传体长篇小说《跳跃的地球》。我的心情久久不能平静，研究王默人的意愿更为迫切，并以能与王默人先生联系为平生夙愿。

还记得周伯乃前年将王默人于一九六八年赠给他的

梁实秋的王默人《孤雏泪》序

《孤雏泪》再版本寄给我，第一次得见王默人手迹时心情不免激动。此书上款为"伯乃吾兄指正"，落款为"弟王默人敬赠"，时间为"五七·十·十二日台北"。

为了向读者介绍王默人，谨先将《孤雏泪》中梁实秋的序引录如下：

写小说要具备几个条件，如丰富的生活经验，深刻的人性理解，熟练的叙述技巧，优秀的文字运用。虽说事关天才，大部分还是有赖学力。所谓学力，不尽在书本里，然亦不尽在书本外，古人所谓"读万卷书，行万里路"，庶几近之。丧乱以来，吾人行路岂止万里，所惭愧的是"书有未曾经我读"耳。小说，尤其是短篇，好像是心有所感，便可敷衍成篇，实则欲求其意味隽永，大费周章。日常口语用之于对话可收生动之效，用之于叙述与描写则失之俚。故事情节乃一篇之骨骼，人物心理之描述是其血肉，而闪熠在字里行间之作者的一番用心才是其灵魂。

默人先生所作小说，沉郁顿挫，用心甚苦，自谓"在悲惨的气氛中闪烁着生命的火花"，想见其对人生之观照体会，致力甚勤，非率尔操觚者比。今且结集付梓，嘱我一言为序，谨揭数语如上。时秋风飒飒，战火弥漫于海峡之上。

王默人在该书后记中也说："梁实秋先生在百忙中为我写序，至为感谢！"还提到"孙旗兄，依风露兄，朱西宁兄和余之良兄等为我仔细校正原稿……"署名为"默人",落款为"一九五八·十一·抄于台北中华文艺函授学校"。再版本的书末附录了孙旗的《评介〈孤雏泪〉》、余之良的《评〈孤雏泪〉的人物及其表现方法》。

作于二〇一四年

喻文鏊与袁枚
——兼及性灵诗潮的复杂性

清代文学、学术至乾隆时而大盛，各地出现不同的流派。以湖北而言，自清初逐渐失去文坛中心的地位之后，一直未得风气之先，鲜有大文人，直到乾隆时期，"蕲州陈愚谷先生，与汉阳叶云素先生（讳继雯、志诜之父、名琛之祖）暨先石农公为至交，同以诗文负重望，时称汉上三杰"（喻的痴《樗园漫识》），以"汉上三杰"为代表的湖北文人重新崛起于清代文坛，成为一支颇受关注的文学群落。

"汉上三杰"之中，论诗文成就，以喻文鏊最高，有《红蕉山馆诗钞》《红蕉山馆文钞》《考田诗话》《湖北先贤学行略》传世；论学术成就，以陈诗最高，著有方志巨作《湖北通志》《湖北旧闻录》；论官职大小、资产实力，以叶云素为大，他利用自己在京师的地位、人脉，积极向朝中名流、重臣推许喻文鏊、陈诗的诗文，终使三人在文坛占据了一席之地（《清史列传》即以三人并列入传）。"汉上三

喻文鏊画像

杰"之间还互结秦晋之好。叶云素之子志诜娶喻文鏊之女,生子叶名琛、叶名沣;陈诗之子守仕娶喻文鏊之孙女,生子陈道喻。喻文鏊曾就三人的关系有过现身说法,《考田诗话》卷二云:"后余客汉上,陈虞部愚谷假归,就云素为教授其子,余过从甚密,丽泽之益良多。往来汉上者,无不知余三人之交最笃。厥后,云素次子为余季女委禽,愚谷媒焉。"

喻文鏊"十八入学籍,十九饩于学",但此后科举道路不顺,其亦不以为意,直至乾隆甲辰(一七八四),年近四十方充恩贡。嘉庆乙亥年(一八一五)始选授竹溪教谕,以老病辞不赴。喻文鏊"自弱冠负乡曲之誉,三十后声望日隆,名流翕然倾心,大吏之慕其名争延致者,无不钦其矩范"。当时的朝中重臣、封疆大吏或文坛领袖,有初彭龄、毕沅、法式善、曾燠、许兆椿、刘凤诰等对喻文鏊极为推崇。而喻文鏊也在当时的文坛,以武汉和黄梅为中心,形成了一个卓有影响的文学群落,像程大中(拳时)、熊两溟、彭棟堂、王鸿典(西园)、曹麟开(云澜)、南豆滕、陈诗、叶云素、王根石、王瑜(石华)、王崟(徒洲)、王岱(次岳)、赵帅(伟堂)、傅垣(野园)、刘之棠、潘绍经、潘绍观、周兆基、李钧简、秦瀛、张菊坡等都是喻文鏊的知交诗友。在喻文鏊的努力下,由其伯祖父喻化鹄开创的黄梅文派,到他这一代已经大成,而其子元鸿、孙同模嗣响。李祖陶评曰:"匏园(化鹄)文和雅似欧,石农(文鏊)奇崛似韩,铁仙(元鸿)文敷畅似苏,祖孙父子一脉相承,而面目各异,文之所以真也。"这是对黄梅文派最为精当的概括。与此同时,喻文鏊又以不立宗派的形式,但客观上与弟弟喻文鋆、喻文鏴开创了地域性诗歌流派——"黄梅诗派",这是他为清代诗坛做出的最大贡献。

清代有数首诗吟咏喻文鏊,一为"独立苍茫万仞峰,直教云海荡心胸。长枪大戟谁能敌,除是黄州喻石农"(佚名),二为"淡烟疏柳句堪夸,一集红蕉是大家。似唐似宋都错了,石农诗瘦似梅花"(清末方廷楷句)。喻文鏊"为文必求心得,不规规于唐宋人窠臼。尤善为诗,年三十以后,诗鸣吴楚、东南,海内称诗之家,无不合口同词,推为一时巨手"。徐世昌、秦瀛也将喻文鏊与顾景星、杜濬这样的大诗人相提并论,认为喻文鏊"足为嗣响"。这样的诗坛"大家""巨手",将他与同时代的袁枚进行比较十分有必要,还有一个原因是喻文鏊也主张"性灵",蒋寅等当代学者也将喻文鏊引为性灵派的同调。那么喻文鏊与袁枚到底有何关系、确实同属性灵派吗?

翻遍喻文鏊、袁枚的著作发现,袁枚对喻文鏊几无提到,但喻文鏊对袁枚有多处直接提及。《考田诗话》的卷三、六、七、八各提袁枚一次,卷四提两次,卷五提三次,一共九次。除此之外,《考田诗话》与《随园诗话》共同摘引的诗句也有多则,喻文鏊熟读《随园诗话》必定知之,甚至有一两则内容几乎差不多。至于《随园诗话》中提到的许多人亦为喻文鏊之师友,两人还有一些都面晤过的诗友(如《考田诗话》卷六载:潜山诗友丁珠为喻文鏊世交,曾"谒袁简斋",又如下文重点提及的王次岳),喻文鏊更不会不知。从这些材料来看,袁枚、喻文鏊二人应当彼此互知,但似无交谊。从喻文鏊提到袁枚处来看,除几处指摘袁枚的谬误外(如卷四指出袁枚将于襄阳与于清端误认为族兄弟关系,为"相沿通谱之陋",又指袁枚引汉乐府"月穆穆,以金波"为王禹偁《月波楼》一诗之出处,其"自矜得出处"实为误读),其他多为顺带提及,但有两则指涉喻文鏊对袁枚的隐性评价,却不可不重视。

《考田诗话》卷五云:"次岳来为黄梅山长,……其来梅,为毕制军沅所属。……其论诗则推袁简斋,故余赠诗有'骚坛近日主风趣,买丝都欲绣袁丝'之语。"次岳即王岱,其人颇活跃于乾嘉诗坛,《随园诗话》关于他的记载有多条,其中一条明确提到王次岳曾留宿随园,可见王、袁二人关系非同一般。王次岳与袁枚首席弟子、性灵派后劲孙原湘十分投契,两人时常诗酒唱酬,而且孙原湘妻席佩兰、王次岳妻席筠同为常熟席氏女诗人,袁枚对二人亦多有提及。可见王次岳与袁枚主导的性灵派走得较近,当属性灵派一员。喻文鏊与王次岳亦为挚交,《红蕉山馆诗钞》中有关王次岳的诗达七首之多。虽然喻文鏊与袁枚都有共同的好友王次岳,喻文鏊也主性灵,为何王次岳甘为性灵派,而喻文鏊却不愿走近袁枚一派呢?让人生疑的是,喻文鏊这首《赠次岳》的诗,似含有调侃、微讽袁枚之意。"买丝都欲绣袁丝"脱胎于袁枚的首席女弟子席佩兰赠他的"愿买杭州丝五色,丝丝亲自绣袁丝",喻文鏊貌似调侃王次岳,实为调侃袁枚及其一派。

何以至此呢?这需要了解喻文鏊本人的诗论。喻文鏊的主要诗论观点集中在《考田诗话》卷一,他认为:"诗能感人,愈浅而愈深、愈澹而愈腴、愈质而愈雅、愈近而愈远,脱口自然不可凑拍,故能标举兴会,发引性灵。"又说"诗以陶写性情""直固美德,过激亦是一病,真则无往不宜矣。如得其心，则粗处皆精、拙处皆老、浅处皆深、率处皆真。情真也，动人处正不必在多"，可见在对诗歌抒发"真性情"方面，喻文鏊与袁枚是相一致的。喻文鏊尤其强调"真"的重要性，多次指出"愈琐屑愈见真挚""立言不烦，字字真挚""语浅言真""情真语挚，不愧古人立言"等，都是强调诗以"真"为核心。

然而，袁枚一派除了"主真"，为了扫荡诗坛其他流派，他们还"主新"。喻文鏊对此则持一定的保留意见，他认为："诗真则新，真外无新也。诗中有人在，又有作诗之时与其地，总之其人也，无不真矣，即无不新。人心不同如其面，子肖其父，甥似其舅。审视之，则各有其面目，无一同者，便已出奇无穷。有意求新，吾恐其堕入鬼趣矣。"喻文鏊的"真外无新""有意求新，堕入鬼趣"直接击中了袁枚及其追随者的病灶。喻文鏊还进一步指出，"不戒绮语，而戒理语，此近来求新者之所为，吾不信其然也"，"近人诗为应酬而作，牵率附会之语，岂有佳诗？""提唱宗门主风趣，恐多绮语亦粗才""近三十年来，诸贤务炫新奇，非不新奇也，恐滋流弊耳！"这就简直是在抨击，而要跟袁枚"提唱宗门主风趣"的性灵派划清界限了。袁枚逝后，随园弟子多倒戈，殊不知早在袁枚逝世之前，与他同时代的喻文鏊早已指出了性灵派的流弊。更何况，喻文鏊是极力反对诗坛拉帮结派的行为，他说："作诗以性情为主，各抒胸臆，不必以某为某派。"

此外，在对待格调派的态度上，喻文鏊与袁枚也不相同。袁枚主性灵，起初是对沈德潜格调派的反拨，反对诗歌的教化功能，而喻文鏊则认为："诗以立教，不外日用伦常之理，发之于喜怒哀乐之情，托之于风云月露之词，傍花随柳、云影天光。道学语未尝不具有风致。"这与沈德潜主诗"必关系人伦日用"同调，而袁枚曾专门针对这一观点进行了大力抨击。

在对待同时期翁方纲主导的肌理派的态度上，喻、袁二人态度大同小异。喻文鏊曾作诗讽刺考据派说："近来考据家，动与紫阳畔。竟似所看书，紫阳未曾看。""近代诸贤精考据，劳渠辛苦注虫鱼。不愁破坏文章体，翻笑欧阳少读书。"这也可看作是喻文鏊作为主真性情的诗人对肌理派的调侃。但对袁枚"戒理语"，"不戒绮语"，喻文鏊就不大赞同了。

在乾嘉诗坛上，不少诗人对方言入诗以及香奁艳体极为反感，认为不登大雅之堂，除了袁枚公开为之辩护外，喻文鏊也在诗论和创作实践上支持了方言入诗，且没有完全反对香奁艳体。喻文鏊说："方言、谚语非不可入诗，总在命意超卓，一经炉鞴，自尔风雅。若类于俳优打诨，取办阅者发笑而已，乌足为诗？"又说："香奁艳体，未必尽当弃置，亦顾其命意何如耳。果能寄托遥深，皆诗人兴、比之义。"可见，喻文鏊诗论的核心在一"真"字，性灵、性情也须在"真"的前提之下。但在如何求"真"的方法上，喻文鏊与袁枚一派又显示出了许多不同。

在《考田诗话》卷七中，喻文鏊谈到挚友张菊坡与袁枚的一段故实："张菊坡观察书法学子昂，得其神似。蒋心余又称其善画梅，诗不多作。余偶见其诗，亦清稳。守广州时，袁简斋来游，索其诗入《随园诗话》，菊笑曰：'谁不知予赀郎，而以诗见，毋乃累先生盛名？吾不为也。"或许，张菊坡"吾不为也"的态度亦正是喻文鏊的态度，他为何没有主动结交袁枚，以跻身性灵派也就在情理之中了。这是喻文鏊作为一代大诗人的风骨所在，所以将喻文鏊说成"性灵派诗人"，似乎欠妥，因为他只是一位不立宗派、独树一帜的"性灵诗人"。

喻文鏊的存在充分说明了性灵不为袁枚所主导的性灵派所专有，在清代乾嘉诗坛的性灵诗潮里，还有大量主张性灵的诗人，而他们并未加入袁枚一派。比如同为湖北籍的大诗人张开东（白莼、白尊）亦是一例。

《考田诗话》云："吾楚近时称诗者，南樗野、彭楝塘、段寒香（嘉梅）、程拳时、吴鹤关、李立夫、胡晓山、李蓼滩。至于才高调逸，俊爽无前，最推白莼。……白莼豪于诗，又豪于游。盖其语有兴会，而助以山川奇伟之气。朱石君珪、毕弇山沅、胡牧亭绍鼎诸公，为其诗序推挹甚至。……楚人吟咏之富，无如蒲圻张白莼开东，天才敏赡，所历名胜，莫不有诗，当路贵人慕其名，争相接引，以故应酬牵率之作，亦所不免。诗逾万首，钟祥某，删存二千余首。余尝甄录其尤，亦四百余首，而其兴会所至，天然不可凑拍，但觉满纸性灵，一片天籁，有不可以绳尺拘者。或以为谪仙人，或以为广大教主，无不可也。……人每宽于论今，刻于论古，且喜信古人之知，由俗不长厚故也。朱文正公珪谓：'白尊独身，闲关载书数千卷，屈折走数万里，其爱古悱恻出于至诚，表章幽逸。尚论忠厚，至谓明妃必不二节，足征性情之挚。'……白尊坐只轮车，遍游五岳，北踰朔漠，东眺沧溟，宿蓬莱宫者四十日，客岱山之顶四越月而后下。毕秋帆中丞抚陕时，题'海岳游人'四字赠之。白尊因自署一帜竖于车上，夜度潼关……"喻文鏊对比他略早的张开东如许推崇，或许正由于张开东也是标举性灵的真性情诗人。称其"兴会所至，天然不可凑拍，但觉满纸性灵，一片天籁，有不可以绳尺拘者。或以为谪仙人，或以为广大教主，无不可也"。连当时的文坛巨子朱珪亦称其"性情之挚"，毕沅为题"海岳游人"。无疑地，喻文鏊也是把张开东视作乾隆诗坛上的性灵诗人，可此人亦未与袁枚有何关联，也足以说明当时存在一个性灵诗潮，其内部具有一些复杂性，却未被今天的学者洞悉。

在此意义上也就可以说，性灵派不应该等同于袁枚一派。如果治清诗史者注意到此点，也就不必为赵翼到底是性灵派的主将还是副将、偏将感到苦恼了。如果研究整个性灵诗潮，将袁枚一派看作一个整体，赵翼完全可以不入此派，文学史完全可以是另外一个面目，性灵诗潮也将得到更完整的体现。至于赵翼、喻文鏊、张开东这些诗人在性灵诗潮中的地位和意义，史家完全可以给出不同的答案。

作于二〇一六年

邓文滨与他的《醒睡录》

邓文滨及其所处的时代

邓文滨（一八一一——一八九三），字渭卿，号南阳布衣，湖北黄梅人，是晚清的一位不第秀才，后以增贡终老。如同当时大部分士子一样，邓文滨也是半生蹉跎于科考途中。道光十三年（一八三三），邓文滨与伯父邓士芹暨同邑世家子帅远燡（文毅）同补博士弟子员，时年二十二岁。后十八年乡试屡试不第。咸丰辛亥科（一八五一）始被批中，恰遇当年"九月初三日正考官卒于闱，副考官始遗之"。己未科（一八五九）参与北闱顺天乡试，题名时再次以额满见遗。此时邓文滨年近五旬，已是半百之身。

对于这段半生的科举经历，同邑进士帅培寅（畏斋）在《南阳布衣邓渭卿公传》中总结道说："公讳文滨，字渭清，蕲黄之名宿也。幼颖慧，读书有神勇，于古今载籍，一经寓目，皆能甄差派系，探索本源。为文万言立就。

邓文滨画像 陶利平绘

年二十与家伯文毅公同补博士弟子员。以优行,后晋增广生。累应乡试,为南北主司所激赏,而辛亥、己未两科文艺尤为士林传诵。及下第时,人皆为扼腕。公转欣然,谓:'科名为利禄阶梯,余之志趣本不在是。今而后可以谢亲族矣!'遂弃去,专究心经世之学。"

同邑举人洪联芳亦在《醒睡录》序中云:"先生为邑知名士,天才宿构,困诸生累年,值粤贼跳梁,郁郁适燕赵,战北闱,不捷。遂绝意进取,留心著作,以维风教而翼纲常。"

在这段"郁郁适燕赵"的人生经历中,邓文滨曾短期担任过詹事府主簿这样的小官,但不久亦挂冠而去。这恐怕又与他的性格刚直有关。帅畏斋在《南阳布衣邓渭卿公传》中这样描写他的性格:"公性抗直,笃于至行。生平喜游历,舟车南北,所至必交其贤豪英俊。然遇有言行不能相顾者,辄当面挥斥,不稍假易。以故海内外闻公名者,靡不争相接纳,思一见为幸。公之德量服人有如此者。"洪联芳在《醒睡录》序中也对邓文滨的性格、形象做过类似的描绘:"芳耳其名最久,岁戊辰,始亲光霁,每谈事时,目如炬,声如洪钟,不作嗫嚅态,洵所谓铁中铮铮者。今览是图,意态宛然,而顾名思义,与易用晦而明之道,适有合焉;独清独醒,不意三闾氏犹在人间也。《离骚》而后,先生其嗣响乎?"洪联芳是邓文滨的子侄辈,帅畏斋为其孙辈,可见自晚清以来,邓文滨不但在同辈,而且在子孙辈中也形成了刚正不阿、关切时事的民间士子形象。

邓文滨之所以由汲汲于仕途,一转为伤时骂世、愤世嫉俗，这与他所处的时代是密不可分的。邓文滨所成长的道光、咸丰年间，已是中国急剧走下坡路的时代。邓文滨的悲剧命运，表面是运气不好所致，更深层的原因是时代所致。在他的朋友中，即使有运气好、出身好的，最终也不幸成为时代的殉葬者。比如与他同一年中秀才的挚友帅远燡，为嘉庆探花、浙江巡抚帅承瀛的长孙，自幼聪明，又出身显贵，二十成拔贡，二十四岁由道光帝亲赐举人，三十岁即中进士。同年与曾国藩的另三位门生郭嵩焘、李鸿章、陈鼐一起高中，被时人誉为"丁未四君子"。咸丰初即位，太平军挥师长江，后帅远燡徒步到湖南力请曾国藩出山，自募千人投效，不幸于咸丰七年（一八五七）被石达开斩杀。邓文滨痛定思痛，为挚友写下挽联："白简奏彤廷，数千言字挟风霜，今日实践躬行，所谓不负吾君不负吾学；缟衣濡碧血，一个臣身骑箕尾，后人读书论世，如此可以教孝可以教忠。"（商宏志提供）然而，此时的邓文滨还未对清廷绝望，仍"郁郁适燕赵"，徘徊于京城，以图有所效力。

直至太平军"骚乱长江，梅土受害较邻邑为甚"，邓文滨才怀着满腔怒愤回到黄梅。帅畏斋在《南阳布衣邓渭卿公传》中说："公留心桑梓，不肯听其崩溃，因采古之兵法，建议修砦，与公之介弟达甫等创筑万家堡于邑西北大山中，垒石为城，诛茅为室，以杜皖赣游匪之后。"邓文滨的另一位挚友喻同模在《万家堡略序》中说："咸丰初，贼窜黄梅，寸土蹂躏。邓子渭卿与其兄弟居坳坪山中，出私山筑堡，曰万家堡。以号召一村一乡使各为其财谷妻孥守，而他乡村之愿附者听。于是一人之自为守，而不啻为一村一乡守,即邓氏兄弟之能为一村一乡守。而适所以自为守。负嵎乘势,力虽弱而强也;死生相依,情虽涣而聚也。使贼进无所掠,退无所据,坚壁清野之法莫善于此。邓子又绘图刊说,为文劝募,设《问答譬晓》若干言、《筹预备事宜》十一条、《闻警事宜》八条、《守御事宜》十二条、《善后事宜》四条,名曰《万家堡略》,勒为成书,深切著明,迥非谈兵纸上。"

万家堡既救了族人和家眷,又救了一批朋友,比如同邑同治元年(一八六二)进士梅雨田就曾携眷到万家堡避难,今留下石刻之避难诗:"古芳(梅雨田)携眷避乱处,渭卿(邓文滨)摩崖万仞巅。清风明月联知己,终古两人互为缘。"保卫桑梓是邓文滨朴素的家国情怀,但他没有找到时代巨变的深层次原因,只能一味地痛骂太平军。回到黄梅后,邓文滨除了构筑万家堡,还开始了"维风教而翼纲常"的教化活动。他在五祖寺、老祖喷雪崖、南山南乌崖、西山碧玉流、万家堡火焰洞等处,留下了摩崖石刻大小共百余字。其中五祖寺的"福""德"二字为巨型石刻,约两米见方,至今为诗人骚客流连之地。喻同模在《书邓渭卿题字刻石事》一文中,对邓文滨摩崖刻字之事进行了记载:"余尝感于山之碑,叹古人之重夫名也,皆其深于情者也。邓子渭卿富于学,不得志于有司,遂以山水自放。晚归里门,悦紫云、白莲、碧玉诸名胜,流连信宿,不胜其情,于是题紫云之喷雪崖曰'龙德而隐',题白莲峰下曰'福'、曰'德',题碧玉流畔曰'泉',题南乌崖曰'寿',皆就石壁为擘窠大字,字五尺有奇,深寸许,命石工缒幽凿险以成,其贤、其勋足以副其碑之。"

与此同时，邓文滨又催促时任知县覃翰元纂修《黄梅县志》，并"助其编纂"，于是给后人留下了一部堪称"古代黄梅百科全书"的光绪丙子县志。帅畏斋赞曰："吾邑士民犹能擅研志乘，稽考文献者，要非公之幸勋不能得此。"

邓文滨著述颇富，除《醒睡录》外尚有《万家堡略》二卷、《余园古文》六卷、《南阳家言》一卷、《楹联触书》一卷、《示儿草》前后篇各两卷、《蚕桑辑要》两卷、《坚壁清野略》一卷、《平原堡基式》两卷、《水守事宜》一卷、《粤逆榄闻》四卷，惜乎今已不存。即便是《醒睡录》已经出版的也只是初集十卷，其实尚有余集二十卷、续集八十卷，也已不存于世了。从留下的这些书名来看，在时代的激荡下，邓文滨也确实"遂弃去，专究心经世之学"了。

邓文滨生于嘉庆辛未年（一八一一）五月二十日，殁于光绪十八年（一八九二）腊月二日晨，享年八十二岁。他的祖父邓朋是岁贡生，候补训导。父亲邓士藻也是岁贡生。二弟文焕同治元年中举，其他兄弟、子侄也多为秀才、贡生。他的家族是一个典型的下级科举世家。

《醒睡录》的价值与影响

《醒睡录》作为一部晚清的笔记体实录，具有极重要的史料价值，并在一定的历史时期产生过影响。这种影响还将继续扩大，它的价值正渐渐为人所知。其史料保存之功，不胜枚举。

首先，在《醒睡录》里可以找到大量村镇的名字，尤其是作者所在的黄梅的各村镇。邓文滨将目光投向了底层百姓，写出了他们在时代巨变中的困顿与苦痛。这在古代文人笔记中是极其罕见的。这是《醒睡录》作为一部文人笔记最闪光的地方，也与作者的底层乡绅身份相契合，因为他具备了与底层百姓接触的生活基础。

其次，《醒睡录》对于研究晚清历史尤其是太平天国史具有一定的史料价值。目前学术界在研究太平天国时，虽对《醒睡录》还不够重视，但亦有学者从中择取史料。邓文滨为一乡绅，曾筑万家堡以抵制太平军，在书中处处都称太平军为"粤逆"，但他的记载从另一个侧面为我们研究太平天国提供了一些史实。

如《哭不以济事》："咸丰三年冬，粤逆由扬州两淮至大河南北，扰山东山西界，回窜天津卫，有窃窥宸垣意，炮声如雷，京师震动，都中大员家眷，及官绅商民，无不各鸟兽散。正阳门外，大市若荒郊，无人迹。时上初服，英武明断，召王公四辅六部九卿等会议，皆涕泣丧胆，眼眶肿若胡桃。上曰：'哭不足以济事，要备长策。'"结合太平天国史实，当为咸丰三年林凤祥、李开芳率军北伐一事。薛福成《庸庵笔记》中《讷相临洺关之败》也载："仓皇失措，车驰卒奔，万余人溃散略尽。"从这些史料中，我们可以见出北伐之初的强劲锋芒。如果太平天国支持北伐，林凤祥等或不至于早早战死。太平天国建都南京后，是固守南京，还是挥师北伐，这一关键的决策，领导层内部没有达成一致，最终龟缩于南京，其日后的失败命运由此似可见一斑。

再如《卖脱父亲能抵课》："吾乡自粤逆猖獗，贫民多挟贼凌富，而佃风大坏，舞弊名色多……是区区者能有几何？……此种佃风，除山业外，阖邑皆然，而西北乡尤甚。西北之中，而金陵、元角、什村、茶儿等镇尤甚。"另一则笔记显示太平军驻扎黄梅时，百姓皆抗交租税，此一作风甚至延续至光绪初年。这种现象与太平天国颁布《天朝田亩制度》或有极大关系。《天朝田亩制度》提出"耕者有其田"，试图建立一个"有田同耕，有饭同食，有衣同穿，有钱同使，无处不均匀，无人不饱暖"的绝对平均主义的理想社会。从《醒睡录》反映的民间种种现象来看，太平天国提出的平分土地虽然并未实行，但自《天朝田亩制度》颁布以后，一些农民却夺得了部分土地，并敢于少交或不再向地主交粮纳租。

《醒睡录》除了杂有大量因果报应等迷信材料外，也有对太平天国进行直接攻击的史实记载，如《迁徙须防乱后瘟》："咸丰末造，及同治初服，江左若六安英霍，江右若彭泽太池等府州县，逆氛煽后，人烟希少，田地荒芜。守土官征赋无出，招来外省人民，居住耕种；或计亩均分，或收租纳税。……予佃人停前镇姜朱二姓，家小康，弃近业而图远利，邀数十人至彭泽、东流界，佃田赘妇，书籍器皿充积，平时约值数千金，其中以四十金易之。阅二载仅一二人回，毛竦骨立，鹄面鸠形，至亲儿莫识，盖瘟余也；余皆道毙，人琴俱亡矣。又下江一带曾侯奏请招徕，设劝农局，给牛力、农具、籽种，从者如市，疫死者不知凡几，已往人视为畏途，阅数年而始平。大兵之后，必有凶年，其流毒有如此夫！"

《醒睡录》中也有直接反映太平天国的史料。如《独秀峰壁题三十首》及湘军大将李元度《招石逆降书四千言》一文。单从保存这些诗文而言，就功莫大焉。何况招降书对于研究石达开具有极大的价值。此文虽也曾在光绪十三年（一八八七）《金陵兵事汇略》（李圭著）中有所收录，但邓文滨的文本更翔实、可靠，且早于《金陵兵事汇略》二十年。而邓文滨记录此招降书，离招降书的创作时间不到十年，更为接近历史现场。招降书内提到第二次鸦片战争的亚罗号事件，并称为"去年"之事，可见此书作于咸丰七年（一八五七）。此时正值"天京事变"之后不久。清廷洞悉天国内讧，石达开出走，招降书就在此背景下应运而生。历史证明，石达开终究不为所动，体现了一代名将的风范。《招石逆降书》成为"天京事变"余波的重要证据，也成为太平天国史上一段重要的史料。如果没有《醒睡录》如此详细地记载，中国战争史上将少了这一份招降书。

再次，《醒睡录》具有一定的诗话特征，为我们研究文学史提供一些史料。比如，《霰雪》载："道光二十一年仲冬月初一至初十大雪十昼夜。先三日狂风暴烈，积霰五寸许，地面坚凝如铁。后七日，积雪厚者盈丈，浅亦五六尺，摧民房无算。间有存者，不得其门出入。缺薪菜盐米，缶釜皆凝裂粉碎，饿毙无算。邑万家山农夫李某亲迎舆夫及新郎夫妇，雪拥宿于路。其父持火迎接，没雪中，逾数日，始寻其尸。城内罢市，邑令雇人挑挖，冰雪中尸骸枕藉，皆行人冻僵而自殪于雪中者也。邑孝廉蒋酉泉（恩沙）有《挑雪辞》数百言，辛酸令人不忍卒读。湖滨渡船，始为冰隔，继为雪拥，人遥望不能设法救解，冻饿压沉而死者，不知凡几。阅月余而冰雪始泮，鸟兽死者山积,一奇灾也。然自后屡得丰年。"文后即附黄梅举人蒋酉泉的长诗《挑雪辞》,其中有云:"挑雪雪已冻,挖雪声硁磝。一儿忽叫呼,弃钼走且奔。拉众前往视,钼下雪深乃有冻死人。"的确感人至深,不禁泪下。蒋恩涉著有传世名作《青灯泪》,对吴宓、汤用彤影响很大,汤用彤自谓一家人皆可背诵。如若不是《醒睡录》记下《挑雪辞》,吾人更将何处找寻?

世人皆知一副名联:"有志者,事竟成,破釜沉舟,百二秦关终属楚;苦心人,天不负,卧薪尝胆,三千越甲可吞吴。"它的作者是谁却说法不一,一般都公认为是蒲松龄所作。而《醒睡录》中《掇取科名要志坚》却说:"吾邑前明孝廉胡寄垣初入学,试下等,愤甚,即登楼读书,不下梯者三年。自题云:'有志者,事竟成,破釜沉舟,百二秦关终属汉;苦心人,天不负,卧薪尝胆,三千越甲遂吞吴。'后数年遂中。楚北广济金会公嘉德居龙坪市,未第时,门前春联云:'龙坪千数家,富过我,穷莫过我;鹏程九万里,时让人,志不让人。'年六十,中会元,为名太史。"胡寄垣为明代人,而蒲松龄为清代人,如为胡寄垣所作,则肯定早于蒲松龄。这一则不经意的史料,又为我们解开名联的作者之谜。

如果要说《醒睡录》的影响,这里可举钱锺书曾引用该书为例。钱锺书在《谈艺录》中说:"换句话说,他们用到 fleshy, bony(多肉的,多骨的)等等,都是指文章的变态说,不是指文章的常态说,不仅说文章有肉有骨,还说文章肉肥如豕或骨瘦如豺,不但是存在判断,并且是价值判断,是善恶美丑的批评,不是有无是非的描写。"

然后,钱锺书在"骨瘦如豺"下自注道:"依照《醒睡录》中故事,改柴作豺,与豕相配。"让人忍俊不禁。据查阅《醒睡录》,《有眼难分黑白地》一则当首即云:"某中丞,年逾六旬瘦如豺,须髭旁出,若猫虎狀。"可见钱锺书所引不假。另外,民国学者王伯祥在其所著《庋橑偶识》一书也对《醒睡录》进行了专文介绍。

《中国丛书综录》曾将《醒睡录》列于小说家类,认为它是一本清末传奇小说集,并称"是书分十卷,卷一为序文、题词、例言、总目等,卷二起为正文,分天地、世运、人事、人物、鬼神五类。……序文有同治七年自记,称本书系忆儿时所记可泣、可歌、可惊、可愕、可嬉笑怒骂、可痛哭太息之事而为。"可见在一些目录学著作里,也未将《醒睡录》遗漏。

从黄梅一邑的文献角度看,笔记体著作最富价值且富盛名的当属喻文鏊之《考田诗话》、邓文滨之《醒睡录》和喻血轮之《绮情楼杂记》。此三书皆能将时代与地域相结合,成为可读性极强的笔记体著作。

《醒睡录》的版本情况

《醒睡录》自问世以来,公开印行出版大致有四五次。初印本为同治七年刻本,上海申报馆版。光绪初年仍由上海申报馆推出铅印仿聚珍版。目前在孔夫子旧书网查得两种申报馆本,一为"申报馆仿聚珍板印",一为"申报馆仿聚珍版式重印",此两种版本内文版式相同,均为一函六册十卷。入民国后,一九三五年大达图书供应社又推出新版，由周去病配以新式标点。一九七〇年，台湾广文书局又将此书影印再版，使用的底本即为大达图书供应社版。综以上情况来看，《醒睡录》其实只有两种版本：一为晚清之申报馆本；一为民国之大达图书供应社版。

大达图书供应社版有一则《小引》，或为出版者所写，抑或为标点者周去病执笔，以后者可能性为大。此文对于今天的读者了解此书亦不无参考价值，兹全录如下：

南阳邓文滨先生为清末知名之士，丰于才而悭于遇，遂无意进取，以著作自娱。此《醒睡录》之所由作也。上自天地阴阳之和，中至世运否泰之交，下逮人物妍媸之象，旁及神鬼善恶之兆；凡可歌可泣，足式足矜之事，莫不据事直书，有闻必录。名曰醒睡云者，盖欲扶正抑邪，拨乱反治，诛奸回于既死，发潜德之幽光，使梦梦者知所惊觉耳。全书虽分十卷，而以序文、题词、例言、总目等占一卷，实九卷也。又例言内只分天地、世运、人物、鬼神四项，而本文内则多人事一项，殊与体例有乖，并为更正。

作者生于清之末叶，字里行间，颇多封建思想；而目洪杨为逆，尤无民族观念，然皆受时代与政体之影响，不足为《醒睡录》本身病也。是书最足引人注意者，厥惟民间疾苦之描写，与夫忠孝节义之阐扬，所谓寄劝惩于贞淫，寓褒贬于善恶也。读无颜见黄青天，及不怕死的铁汉两则，如见其人，如闻其声。而挑雪辞数百言，则尤绘声绘色，一字一泪，俨然一幅郑侠所绘饥民流离图也。幸读册以是书为笔记小说之流，而等闲视之，则《醒睡录》之作为不虚矣。

然而还有一点值得注意的是,《醒睡录》有作者自记作于同治七年（一八六八）夏，又有同邑举人洪联芳（黄梅下乡名士黄齐惠之外甥兼女婿、贡生黄森书之妹夫，黄森书即为吾外大父黄华德之曾祖父）所作序言。据序言云"岁戊辰，始亲光霁"，"戊辰"当为同治七年，而洪联芳则于同治六年（一八六七）中举。由此可以看出《醒睡录》初刻本不会早于同治七年。另《申报》创始于一八七二年，为同治十一年，由此亦可知，《醒睡录》初刻本也不会早于同治十一年。但据现存民国版《醒睡录》却有几则提及光绪年间之事，最晚至光绪七年（一八八一）。

如《迅雷频击天有眼》："某县令署梅三年，倚当路声势，门丁用事，无政不苛。光绪六年，邑东北乡，蛟水陡起，城地几成泽国。士民呈灾，视为儿戏。上岸天怒，雷击衙署者三，本官须发俱焚，蛟水甫退，虎入城市，闻者无不骇栗。"

再如《数月不毙地无皮》："光绪六年冬，梅令某，江西万载人，贪酷异常，每听一狱，未运动者，两造皆责惩。士民有善辩者，令叱曰：'天下只有蛮官府，哪有蛮百姓？赶下去！'其子在侧云：'衙门八字开，有理无钱莫进来！'此语敢明目张胆言之，可想见矣。次年元旦，行香朝贺，某门斗家猪一口，奔随此公舆下，隶役叱逐不退，直入衙。饲猪者乞领，欲重罚，不果，竟宰之。阅数月，因前署某县得赃数千事觉，檄提甚急，遂自毙。忆咸丰初，莅梅者某，有猪随舆故事，后为邻匪戕，此公得保首领，亦幸矣哉！"

据笔者检索国家图书馆等各大图书馆的馆藏信息，确有"同治刻本"，亦是一函六册，或为记录有误，或为初刻本仅有部分内容。据湛如渊题词提到"同治癸酉"，即为同治十二年（一八七三），刘世德题词提到"乙亥"，当为光绪元年（一八七五），李钟秀题词提到"丙子"，当为光绪二年（一八七六），而申报亦于同治十一年（一八七二）才成立，以此观之，《醒睡录》似不可能在同治年间刊印成书。笔者虽未曾亲见"同治刻本"，但从以上史料来看，同治版或系馆藏信息记录有误。申报馆版自光绪以来至少梓行两次，则毫无疑问。

丙申（二〇一六）年作于黄梅朗山轩

汤氏父子与黄梅

二〇一四年九月九日晚八点五十七分左右，汤一介先生仙逝。那时，汤老的家乡——黄梅的天空电闪雷鸣，快要下雨的样子。九点左右，我正赶回宾馆。路上果真下起了雨。这时，我还什么都没有想，只是拨通了赵建永兄的房间号，相约见面。见后不久，我们聊了汤用彤与黄梅的关系。不久，他忽然说了句："汤老逝世了，就是刚刚。"我惊住了，这时我才明白老天爷为何"哭泣"，原来是为一代大师陨落啊！这场雨，是家乡专为汤老而下，也为汤用彤纪念馆开馆平添了一份哀意。我不是汤老的弟子，也不是他的忘年交，我与先生仅见过一次，但我们见面的内容关系到"汤氏父子与黄梅"这个话题。而今大哲仙去，我只好将我的研究成果报告给他老人家，算是一份小小的"祭果"。

在汤老生前，他多次在回忆或访谈的文字里，说父亲汤用彤"祖籍黄梅"，并说自己终生未到过黄梅。至于他说汤用彤喜欢用湖北乡音朗诵《桃花扇》中的《哀江南》和庾信的《哀江南赋》，始终未明确提到是黄梅乡音。由此，我总觉得这是汤老有意、无意地淡化他们父子二人与黄梅的关系。一种直觉让我认为汤用彤与黄梅的关系不至于如此淡薄。这就不得不提到汤用彤的大哥汤用彬（颇公）了。

还是在十二三年前，我就读黄梅一中的时候，因为喜欢搜集地方文史资料的缘故，知道了我邑贤达汤颇公的一些诗文、逸事，知道他与举人王镜海、名士石孝邠（啬园）、进士於甘侯并称"三个半爷"。他们四人与喻血轮的大哥喻的痴等，是黄梅晚清、民国时期的国学名宿，是地方文化的杰出传承者。但汤颇公的弟弟汤用彤先生在黄梅却几乎无人知晓，或仅知其名。细心的我，沿着汤颇公的线索发现了汤用彤及其哲嗣汤一介先生、儿媳乐黛云先生，从此开始关注他们的著作。因为我对汤颇公十分了解，乃兄为土生土长的黄梅人，一口黄梅话，生于黄梅，死于黄梅，葬于黄梅，岂能说其弟汤用彤是祖籍黄梅？鉴于汤老对外如此说法，我一直耿耿于怀。但或许是由于性格的原因，我一直没有给汤老写信问这个问题。但就在二○一○年我写一篇涉及这个话题的文章，不久发表于中国社会科学院主办的《中国社会科学报》上。这篇文章引起了汤老的极大关注，他特地剪下来转交给弟子赵建永博士，命其郑重保管，日后编选汤用彤研究文集务必收录（此为赵博士事后告我）。

为何此文引起汤老注意呢？且摘引一段：

到武汉上大学后，一个偶然的机会，读到《吴宓诗话》，目录中有《青灯泪》这个条目。读后大喜，该文说他的好友汤用彤最喜欢同邑蒋酉泉的《青灯泪》，于是推荐给他。这个文章透露出了一个消息，汤用彤本人就承认自己是黄梅人。目前所有关于汤用彤的介绍中，都说他祖籍或原籍黄梅，其实这个说法并不精确，因为汤用彤原本就是黄梅人。现在找到他本人承认的证据（虽为吴宓转述），于是我也更高兴了。许多文章还说汤用彤一生未到过黄梅，我想这个说法也是不确的。因为汤用彤的大哥汤用彬先生晚年回黄梅修《黄梅县志》，解放初病逝于黄梅。汤用彬先生为清末奖举人出身，早年在北京为官，后以"大林山人"为笔名，替喻血轮的《新京日报》等报刊写清末民初文坛回忆录。于是，我的直觉认为，汤用彤从没到过黄梅肯定说不过去。最近又读到汤用彤《谈助》（原载《清华周刊》一九一六年二月第六十五期）一文，竟然提到了蒋酉泉与《青灯泪》，文中明确说："吾乡蒋酉泉先生所著《青灯泪传奇》，仅词典中未显著之一种耳，亦仅吾乡人士得而知之，得而读之，得而赍之……吾家人类相能背诵其一部。"可见汤用彤确实以黄梅人自居，并深受黄梅地方文人作品的影响。……一个偶然的机会，我竟然找到了《青灯泪》（清同治九年版，蕲州吴之骥、庐陵郭俨序，蕲春骆敏修、金溪何友玉、上高罗洪钧题词，并有作者自序），不禁欣喜若狂，确感其文字清丽、雅致、缠绵，不让于许多著名的明清传奇。这时再想起汤用彤先生说的"亦仅吾乡人士得而知之，得而读之，得而赍之……吾家人类相能背诵其一部"来，乃深深觉得地方文化宝藏大有挖掘的必要。中华文明的传播、继承和发展，地方文人著作功不可没。《青灯泪》之影响于国学大师汤用彤，不过其中一例而已。

这篇文章很大程度上修正了汤老对"汤用彤与黄梅"这个问题的认识，无怪乎他会重视了。

不久，我因编《梅光迪文存》请二老作序。三个月后，乐黛云老师发来了《梅光迪文存》的序言，这篇序言虽然是署名乐黛云老师所写，但其中关于"现代保守主义、自由主义、激进主义三位一体"的大段论述分明是汤一介老师的文字。可以说，新时期以来，最早为学衡派"平冤昭雪"，并将学衡派视为"新文化运动"一翼的学者正是汤一介和乐黛云。

有了这个学术因缘，我终于大胆提出拜访二老了。在二〇一二年九月二日上午，我正式向汤老提出"汤用彤与黄梅"这个话题，包括：汤用彤会不会说黄梅话、汤用彤是否回过黄梅、黄梅为佛教圣地是否影响了汤用彤的佛教研究等。对于这些问题，我感觉到汤老知道的不多，但可能由于受到我的《汤用彤与〈青灯泪传奇〉》一文的启发，这次汤老稍稍纠正了自己的看法。他说自己不知道说黄梅话是什么样子，但知道父亲说话有浓重的乡音，喜欢用湖北乡音朗诵《哀江南》。至于是否回过黄梅，汤老也改口道："据我推测，父亲如回过黄梅应该是在一九〇八年以前，此后是不可能回的。"对于第三个问题，汤老说不能回答。我们又谈到颇公是否任伪职一事，汤老认为他的伯父是汉奸，并写进文章，还说幼年在伯父房中见到裸体女子像，以此证明颇公的堕落。不过据《吴宓日记》记载，颇公曾资助《学衡》二百大洋，并大力推销杂志。曾国藩的孙子曾广均还在《学衡》发表诗歌与颇公赠答、唱酬。他的著作《新谈往》《香梦影》也影响了就读于清华学堂时期的吴宓。最后，我又提到汤颇公的后人，尤其是汤颇公在黄梅的孙子（汤老的侄子）的情况，他说他每年资助他的侄孙女一万元上大学。

对于我的问题，很可惜当时我对于汤用彤与黄梅的关系了解还不深，不能找出很多证据来证明汤用彤是说黄梅话、回过黄梅多次。后来我认识了汤用彤娘家族人梁萧，他告诉我汤用彤的母亲也是黄梅孔垄人，这时我就敢说汤用彤肯定是说黄梅话的了。在汤老逝世的第二天，在汤用彤纪念馆开馆座谈会上，我将汤用彤能说黄梅话、回黄梅多次等观点报告给与会专家，其观点大致如下：

以前的学者在论述汤用彤祖籍黄梅或原籍黄梅的时候，往往是从如下三个角度谈的：一是其父为黄梅籍进士；二是其兄汤用彬是土生土长的黄梅人，并在黄梅居住多年，四十年代中后期还在黄梅家中主编了一部《黄梅县志》，解放初黄梅土改时被镇压致死（其实，汤用彤的父母都是土生土长的黄梅人，并都葬在黄梅，汤用彤肯定从小是说黄梅话的）；三是汤用彤的好友吴宓说汤用彤是黄梅人。以上三种论述都显得有些拐弯抹角，都不能让人理直气壮地说汤用彤就是黄梅人。所以，许多介绍中也只好说汤用彤祖籍黄梅了（包括麻天祥老师所著《汤用彤评传》中关于汤用彤与黄梅的关系，也仅限于以上提到的）。如果能找到汤用彤自认是黄梅人就好了。庆幸的是，我已经找到两条比较直接的材料了。一是一九一六年二月汤用彤在《清华周刊》发表《谈助》一文，其中明确说到"吾乡蒋酉泉先生所著《青灯泪传奇》，……吾家人类相能背诵其一部"。蒋酉泉即黄梅晚清举人蒋恩澍。这句话就明显表明汤用彤以黄梅人自居了，只是以前不少学者因不知蒋酉泉是谁，就没有注意到这一点。二是汤用彤留美回国之初，应梅光迪、吴宓之邀，到东南大学任教，我找到一九二三年东南大学的一份教员假期通联表，汤用彤所留地址即为孔垄镇。可见，当时如有人写信寄到黄梅县孔垄镇，汤用彤是可以收到信的，即便汤用彤当时不住在孔垄，至少家人收到后可以转给他。以上两条信息都可以说明，汤用彤自认黄梅人，不存在祖籍黄梅、原籍黄梅一说。另外还有一则史料似乎也可以从侧面说明问题，解放初汤用彤是湖北籍的全国人大代表，他去世后由侄女婿、著名桥梁专家王度（也是黄梅人）担任。要说汤用彤的祖籍或原籍，那也应该是江西永丰，据《汤氏宗谱》记载，汤家是明代从江西迁到黄梅的。在汤用彤籍贯问题的基础之上，我曾想过汤用彤是否到过黄梅的问题，这最早源于《湖北日报》一次报道中称汤用彤一生从未到过黄梅的说法，我有些不信。后来我又得知汤用彤在庐山有寓所，三十年代中后期他的母亲还住在庐山，他曾多次到庐山跟他母亲一起避暑。庐山与黄梅一江之隔，这则史料让我更加认为汤用彤不可能没有到过黄梅。这里仍有一个疑问，即一九一一年他的父亲汤霖回到黄梅孔垄汤大墩，里居三年而逝，难道一九一四年汤用彤没有回黄梅奔丧？那时汤用彤年仅二十一岁，还在清华学堂读书，尚未成家，只能随兄回家奔丧。其实，据《吴宓日记》和吴宓的诗《送锡予归乡省亲》等资料显示，汤用彤青少年时代是多次回黄梅的。有以上认识，我们甚至可以推测一九一六年汤用彤与黄冈张敬平结婚，估计都是在黄梅家中办的喜酒。汤用彤的侄子、侄女（他们比汤一介均年长十多岁）又说汤用彤在三十年代回过黄梅多次，从北大南下回孔垄镇家中接奶奶到庐山别墅休养，汤用彬一家也一起过江往南上庐山呢！（据此，我们甚至可以推测幼年尚在母亲怀中的汤一介也有可能在黄梅家中过了一趟路）另外，汤用彤父亲早逝，他在清华和哈佛读书，其费用大致是由汤用彬供给，在长兄如父的时代，汤用彬对弟弟的照顾不言而喻……汤一介先生说他是从未到过黄梅的黄梅人，但他从小到大填写自己的籍贯的时候都是写"湖北黄梅"。所以对于汤一介先生来说应该是"原籍黄梅"，而对于他的美国子孙汤双博士的后人而言只能是"祖籍黄梅"了。

发言后，赵建永兄告诉我汤用彤曾陪其父主修黄梅汤氏宗谱，有自称是汤用彤堂侄孙的人告诉我，他祖父告诉他汤用彤是在黄梅家中结婚的。又有汤用彬嫡外孙说，抗战结束后，汤用彤与汤用彬商量将母亲归葬黄梅，此事后由汤用彬完成。另一汤氏后人说新中国成立时，汤用彤致信汤用彬，叫他速速离开黄梅，到北京、上海、南京均可，如走不动，哪怕到最近的庐山都行。可惜，颇公没有离开黄梅，后被当作土豪、劣绅镇压……

最近发现一篇《汤用彤全集》未收的佚文《惜庐笔记》，内中说道："昔余客陇者十余年……"可见，汤用彤幼年生活在甘肃，是以"客居"在外的心态，或许父母从小便告诉他是黄梅人。近又读汤用彤《大林书评》一文，其小引写道："匡山寺有三林……一为大林，道信禅师留止十载，由是而入黄梅，遂下启东山法门。其于中华释教之重要不在东西二林之下。余多年讲席少暇，读书乃多在夏日。酷暑中常卜居于大林峰之左近。浏览所得，辄以笔记。暇时整理为评跋若干篇，兹复编集名为《大林书评》。"文中黄梅四祖道信和黄梅五祖的"东山法门"赫然入目。汤用彤或以四祖道信居于大林，而今自己也居于大林，以此寄托乡情？这时我又想起汤颇公的笔名"大林山人"来，乃兄自托为"大林山人"，乃弟撰文署名"大林书评"，兄弟二人以"大林"寄托乡情，庶几可以定论矣。

附：此文发表后一年整，值汤一介先生逝世一周年之际，我又进一步肯定了汤用彤与黄梅的深厚关系，其实汤用彤五岁以前是在黄梅孔垄老家长大的，因为其父任甘肃渭源知县后不久，汤用彤就出生了（此前一年汤用彤的姐姐也在甘肃出生），然而次年汤霖便丁忧回家，里居三年才回任。这是根据最新发现的汤一介所藏其祖父汤霖《覆湖北巡抚曾中丞书》，中云："月前接阅邸抄，欣悉宪台荣拜抚鄂之命，谨具手版申贺，乃蒙温谕下询，庄诵再三，殷拳恳挚，以为职系楚人，于楚中民情利弊，与夫官绅贤否，必能确有见闻，嘱密为申覆。仰见明公不弃，匆葸迩言，必察至意。伏思职庸腐书生耳，家世缥缃，距省窎远，为诸生时授徒讲学，课耕力田，从未干预外事。庚寅通籍来甘候铨，甲午丁艰回籍守制，在家授徒课子，未尝一入城市，于省垣官绅之优劣，实属罔所见闻，不敢以自欺者，更欺明公也。……"（赵建兄整理并提供）此信明确提到汤霖甲午（一八九四）回黄梅丁忧，当时汤用彤一岁。"课子"即指教汤用彤读书，而当时长子汤用彬（颇公）已经二十岁左右了。一八九五年，距离汤大墩数百米的梁大墩修谱，即由汤霖作序（梁乃其岳家，想为其妻兄所嘱）。大约一八九八年，湖北巡抚曾铄向汤霖请教如何抗洪，于是汤霖复了这封信。不久，汤霖离任渭源知县，转赴兰州任教。同年底，曾铄也因支持戊戌变法，被慈禧下旨革职。所以说，有些学者称汤用彤在甘肃渭源长大，这是不确的。汤用彤应该是幼年在湖北黄梅长大，童年主要在兰州，少年时随父入京。值得注意的是，汤霖成进士，向有光绪十五年、十六年两说，后来不少学者已经倾向为光绪十五年，认为是与陈寅恪之父陈三立同科。但据此信，汤霖自称"庚寅通籍"，庚寅年则为光绪十六年。据有关方志文献，汤霖为光绪庚寅恩科三甲一百二十七名进士。

作于二〇一四年

敬悼汤一介先生

二〇一四年九月九日,我赶到故乡参加汤用彤纪念馆开馆仪式。当天晚上,我先去看望了姑姑。在姑姑家中,我有些坐立不安,外面已经电闪雷鸣。我只好在九点左右动身回到宾馆。路上,小雨纷纷。等我与追随汤老十八年的弟子赵建永兄见面时,他忽然说:"汤老逝世了,就是刚刚!"话音刚落,我有些不相信自己的耳朵,我只是知道汤老因身体不适没有来,但他多次表示一定要回家乡参加这个开馆仪式的。这时,我才想起外面的小雨来,这是老天为大哲陨落而哭泣吧!我们默然良久。第二天的开馆仪式,也成为汤一介先生追思会。家乡人说,这是汤老希望魂归故土。

其实,家乡人把汤老看作黄梅人,而汤老并没有很深的家乡观念。不然,他怎么会一生不回家乡呢?非但如此,他还经常有意无意地淡化汤用彤与黄梅的关系。事实证明,由于汤老出生的晚,且未仔细读到乃父著作里透露出的若干蛛丝马迹，在判断汤用彤与黄梅的关系上，的确有些大意了。最初黄梅人要给汤用彤建纪念馆，汤老就没有明确表示支持。这是老先生亲口告诉我的，是客观事实。我与汤老有过一面之缘，主要就汤用彤是否回过黄梅老家的问题讨论了许久。在汤用彤自述文字和吴宓的诗文里，可以明确表明汤用彤深受黄梅地方戏曲和宗教文化的影响，他虽不在黄梅出生（在一篇新发现的汤用彤佚文《惜庐笔记》中他也自称"余昔客陇十余年"），却说着黄梅方言，曾回到黄梅家中多次。这个新的说法，终于在汤老最后的两年得到证实。汤老于是也改变了自己的认识，同意将纪念馆建在黄梅。

我与汤老见面，在一定程度上让汤老意识到乃父与黄梅的关系不像他以前认为的那么浅。汤用彬是土生土长的黄梅人，他给弟弟介绍对象，使之成家，并对汤用彤早年就读清华和哈佛在经济上有很多支援。据《吴宓日记》记载，汤用彤等回国办《学衡》，他大力支持，出了二百大洋，还四处推销和宣传。尤其难得的是，汤用彬有很深的家乡情结，抗战期间回到了黄梅家中，著成一部《黄梅县志》。而且，里居多年，并未做过坏事，反而因爱护乡邻，对官员不卑不亢，以"颇公"名号饮誉乡里。据他的女儿汤一雯回忆说，抗战结束后，汤用彤还与兄长商量将死于庐山的老母归葬黄梅，后此事就由汤用彬办理。可见兄弟二人在抗战后关系还不错。还有乡邻宗亲说，新中国成立时，汤用彤写信给大哥，敦促他快快离开黄梅，去北京、上海、南京都可以，如果实在走不动，到自家庐山别墅躲一躲都行。可是已经七十五岁的颇公，不愿走啊！终于死在了黄梅监狱里。可惜汤一介老先生从未回家打听他的伯父在家乡的事情。生者已逝，我为汤老重视我写的《汤用彤与〈青灯泪传奇〉》（此文中的史料证明黄梅地方戏曲深深影响了汤用彤）而高兴。

一个人逝世了，葬礼隆重与否，与逝者无关，这只不过是生者的单方面行为罢了。汤老生前多次声称自己不是"国学大师""哲学家"，然而很不幸的是，世人不理解也不能接受他的说法，依然自以为是地给逝者戴上这两顶"高帽"。汤老曾对自己不是"哲学家"和"大师"有过解释，他说："在一九四九年以后的三十多年间，只有马、恩、列、毛这样的领袖才能称为哲学家，而我们只是一名普通的哲学工作者。上一代人有着深厚的国学基础，对四书五经都是能背诵的。而我们这一代没有打好国学的底子，又没有那么长的留学经历，先天后天营养都不足，所以我想大概我也很难成为一个哲学家。……从二十世纪五十年代以后，到现在为止，我们的学术土壤不适宜产生真正的大师。"所以他自认不是大师，"这个时代没有大师"。这是一位智者对时代的判断，也是这位智者值得我们敬重的第一个地方。

又见汤老生前逝后不少人议论他是"梁效分子"。我无意为汤老辩护，因为"梁效"是可耻的，汤老也认为是可耻的。汤老在多个场合对自己曾参与梁效表示道歉，反复地说"我错了"，"我是认账的"。几乎只要有人向这位老人提及"梁效",他都认错。汤老在接受一次访谈时说:"我今天还是认账的,并不是说我没有错。但是这里头的问题非常复杂,因为跟毛主席有直接的关系。当然我自己觉悟不高,没有看清楚这里头的问题。而且又长期受党的教育,觉得毛主席一定是正确的。所以毛主席去世后,我头一个想到的问题就是:今后我听谁的?得了一个结论:今后只能听自己的。不能听别人的,听别人的,你犯了错误还不知道怎么办呢?说也说不清楚。"对于这段话,我觉得认错是相对次要的,"今后只能听自己的"才是最重要的,这是一个老人对于认错的深层次认识。这依然是值得敬佩的!

汤老还有一点值得我们后辈敬佩,那就是兼容并蓄、自强不息的品格。在论及中西方文化碰撞的现象时,他既不赞同文化霸权主义,又不赞同文化部落主义,而是认为"世界文化的发展应是在全球意识的关照下的文化多元化发展",他认为这种"和而不同"的态度才符合中国传统儒家秉持的"中庸"之道。正是这种观念,使得他在评判中国的激进主义、保守主义、自由主义时,并没有一边倒的作风,而是尊重和承认各种观念存在的合理性,甚至认为保持这种合力更能促进社会健康发展。这是他的"兼容并蓄"。至于自强不息,我想学界人人皆知的《儒藏》可以证明。先生以八十高龄,做到"老骥伏枥,志在千里;烈士暮年,壮心不已"足以感怀我等晚辈。

先生也有数百万字后人难以超越的学术专著,这些且不提了罢!我倒关心的是先生捐赠出去的两代数人的藏书、手稿将是怎样的安排？但愿世人不要再搅动先生地下安息的灵魂吧！

作于二〇一四年

《文学演讲集》前言

梅光迪(一八九〇——一九四五),光绪十六年正月初二生于安徽宣城,字迪生,又字觐庄。少有神童之誉,十二岁中童子试。早年在安徽高等学堂、上海复旦公学、清华留美预备学校读书。一九一一年,赴美留学,先后入读威斯康辛大学、芝加哥西北大学。一九一五年,入哈佛大学研究生院,师从新人文主义大师白璧德,后介绍吴宓、汤用彤等拜于白璧德门下。一九一九年十月,归国任南开大学英文系主任。一九二〇年初,应刘伯明之招,在南京高等师范学校任教。一九二一年,任东南大学西洋文学系主任,同年发起成立《学衡》杂志社,于一九二二年一月出版《学衡》创刊号,此为"学衡派"成立的标志,核心成员还有吴宓、刘伯明、柳诒徵、胡先骕等。一九二三年初,梅光迪对吴宓自封《学衡》总编辑等事不满,声称"《学衡》内容愈来愈坏,我与此杂志早无关系矣"。同年,刘伯明病逝。一九二四年,赴哈佛大学任教,胡先骕亦赴美,学衡派一时风流云散,后由吴宓独立支撑。一九三六年至逝世,历任浙江大学英文系主任、文理学院副院长、文学院院长。

在中国学术思想史上,梅光迪是作为新文学运动的反对派出现的,因此被不少人视为文化保守主义者,甚至有视其为复古主义者。但随着学界对学衡派研究的日趋深入,这种"定论"已有所改观。不少学者已经认识到梅光迪与胡适之间的"胡梅之争",对白话文形成的促进作用;白话文能形成一种"运动",在社会上产生影响,恰恰与学衡派诸人的反对是分不开的;此外,梅光迪并非一味反对白话文学的守旧者,他的核心观点用自己的一句话概括,即是:白话文应提倡,但文言不可废。可惜的是,世人惯以"成败论英雄",对于失败者的评价往往是以偏概全,终致误解。这在一定程度上使得梅光迪的学术思想,不为世人全面了解和正确评价。

刘梦溪在主编《中国现代学术经典》丛书时,曾将拟选名单提请张舜徽、余英时、朱维铮等著名学者过目。朱维铮先生在答复中列了"似可以考虑"的一串名单,其中就有梅光迪的名字。后来,梅光迪的挚友"哈佛三杰"陈寅恪、吴宓、汤用彤都列在其中,而梅光迪却未入选。其实,并非刘梦溪故意不选梅光迪,恐怕与梅光迪生前发表文章极少,且无专著出版有关。这又是梅光迪难以进入研究者视野的一个重要原因。

由于以上两种最主要的原因,目前对于梅光迪的研究,不说跟胡适、周作人、鲁迅等新文学提倡者相比,即便相对于陈寅恪、吴宓、汤用彤等人来说,深度与广度也是远远不及的。但愿本书的出版,对梅光迪、新文学运动、比较文学,乃至整个中西文化的比较研究能提供一个新的动力。

本书所选,均为署名"梅光迪讲演"的作品。其中,《文学概论》《女子与文化》《中国文学在现在西洋之情形》曾在民国的报刊图书中发表过,只是不曾收入《梅光迪文录》;而《文学概论讲义》《近世欧美文学趋势讲义》则从未刊行于世,且为专论,虽略显简单,但毕竟有一定统系,因此显得更为弥足珍贵,它们也成为本书的主干部分。另外,这两本讲义,从语言、文风、外国人译名等来看,可能是录者抄自梅光迪本人的讲义,而非笔记。不过,《文学概论》一文则明确提到"这个界说,系上课时笔记,疏漏谬误,一定不免,下次当与原文对照重译",且用白话记录,自不是梅光迪的"原文"。

由于编者水平有限,谬误在所难免,祈望方家有以教我。

作于二〇一〇年

梅光迪与胡适

沪上两少年

胡适是安徽绩溪人，当时绩溪属于徽州，后来属于宣城。梅光迪是安徽宣城人。两位可以说是同乡。一九〇九年前后，梅光迪在上海的复旦公学读书，与之同学的有竺可桢、陈寅恪、刘永济等。其时，胡适在中国公学。一九〇九年秋，胡适来访宗兄胡绍庭，时梅光迪与胡绍庭"同舍而居"，乃由胡绍庭介绍，与胡适相识。这是二人的第一次见面，由此建立了友谊关系。

一九一〇年夏，梅光迪与胡适同赴北京，参加第二届庚子赔款留美考试，结果胡适考中了，而梅光迪不中。约为胡适赴美留学之时（一九一〇年八月十六日），梅光迪作《序与胡适交谊的由来》赠给好友胡适。这是记录胡适与梅光迪交谊的最早的文字，全文如下：

梅光迪致胡适手札

自余寄迹吴淞江上，同游中颇与绩溪胡绍庭意相得。绍庭数为余言其宗友适之负异才，能文章。余心志之而未由一识其面也。去秋，适之过淞视绍庭，时与余与绍庭同舍而居，因得由绍庭以介于适之。今年仲夏，余约一二友人北上应游美之试，遇适之于舟中，彼此惊喜过望。由是，议论渐畅洽，而交益以密。每浪静月明，相与抵掌扼腕，竟夜不少休止，令余顿忘海行之苦。入都后，君尤数一过我，而我亦逾时不见君即不欢。君既被选赴美，乃谓余必以一言相赠。余惟庚子之役，吾国兀不国矣，卑辞下气而求城下之盟，国乃仅存，而吾民之呼号惨痛，岁耗巨资以应异族之需者，亦以得苟延残喘不为犹印之民之续也。则夫此累累者，即谓之吾人救国赎命之资可矣。以救国赎命之资易而为君等谋教育，在美人，好义之心固不可没，而吾国人之所责望于君等，则救国之材而四百兆同胞所赖以托命者也。君奇士，兹其行也，直驱趋共和之祖国，暇时与彼士贤豪长者游处，究其道国之详，异日学成归来，焉知事功不能与华盛顿相映？其无负于吾国人之责望也必矣。至于历涉数万里，耳目震骇乎乾坤之广大，而精神漾浴于海国之苍茫，其能发为文章，大放厥辞，犹其余事也。拙序一首敬请适兄赐鉴。弟迪拜赠。

　　其中"余约一二友人北上应游美之试，遇适之于舟中，彼此惊喜过望。由是，议论渐畅洽，而交益以密。每浪静月明，相与抵掌扼腕，竟夜不少休止，令余顿忘海行之苦"数语，展现了志存高远的沪上两少年的风采，后世读者也可以从中想见他们彼时的深厚情谊。

胡适赴美后,梅光迪对其颇为思念,曾于十二月十六日致信胡适,其中说道:"去国时竟未得一握手,实为憾事。两读手缄,益念故人。薪胆会之设可谓复仇雪耻之先声……康乃耳农科最称擅长,足下将欲为老农乎?……迪已离复旦,寄居环球学生会中,不久又当归去矣……明春能否入都尚不可靠。"

一九一一年初,梅光迪终于入读清华留美预备学校。入校不久的三月三十日,梅光迪致信胡适说:"迪自正月来京,二月底始入校。……文以人重。文信国、岳忠武诸公,文章皆非至者,而人特重其文。明之严嵩,在当时文名亦甚好,然至今无人道及。……坚持为学之旨,以文、岳二公为师,不必以文传而文自传耳……近日考试分班,至昨始毕。迪有多门不能及格,今岁西渡无望矣。"但到了当年八月十八日,尚在美国的胡适见到梅光迪名列留美学生名单时,在日记中称自己"狂喜不已"。这样,堪称兄弟的胡适与梅光迪有望在美国相聚了。

留美时代:挚友、诤友

从一九一一年暑期梅光迪赴美,到一九一七年七月胡适回国,二人在美国交往了六年之久。记录了胡、梅交往的文字主要保存在《胡适留学日记》、梅光迪致胡适的四十六封信中(其中作于一九一一年至一九一七年七月以前的有三十七封)。这些书信对于研究留美时期的胡适、梅光迪,包括梅光迪启发胡适了解颜李学派、留学制度、孔教问题、文学革命、新文化运动等方面有极大的作用。余英时先生就曾在这些信函的启发下,写出了《文艺复兴乎?启蒙运动乎?——一个史学家对五四运动的反思》一文。

留美时代的梅光迪与胡适之间的交往,我们不妨以一九一五年夏,胡适、梅光迪、任鸿隽等在绮色佳旅游,胡适首倡"文学革命"为分界线分为两个阶段。前期二人多交流学业、颜李学派、留学制度、孔教问题等,后期则为"胡梅之争"的开端,也是新文化运动的源头。

胡适与梅光迪性格不同,在梅光迪致胡适的信函中也得以暴露无遗。胡适属于追求成功型人物,梅光迪则慎言入世,而追求高尚人格、君子风度。从胡适留学日记中可以看到,胡适善于演讲,以表现自己的才华,博得赞誉与声名,而留美时期的梅光迪则没有胡适那般活跃,虽然才华并不在胡适之下。可以说,留美时期的梅光迪是胡适的一位挚友兼诤友。

下面略举三信,以表明胡适与梅光迪的友谊:

一九一二年三月五日,梅光迪致信胡适:"来书言改科一事,迪极赞成……足下之材本非老农,实稼轩、同甫之流也。望足下就其性之所近而为之,淹贯中西文章,将来在吾国文学上开一新局面(一国文学之进化,渐恃以他国文学之长,补己之不足),则一代作者非足下而谁?……足下之改科乃吾国学术史上的一大关键,不可不竭力赞成。"信中所说"改科"乃指胡适由农业转入哲学。另外,值得注意的是,在这封信里,梅光迪已经有了"比较文学"和"文学之进化"的思想,并预言胡适为"吾国文学上开一新局面"的"一代作者",是"吾国学术史上的一大关键"。由此可见,梅光迪对胡适的推崇与期待了。

一九一二年夏,梅光迪致信胡适:"得两片感极。迪以事迁延至廿一日始赴青年会打回,廿四日乃归。此去所得颇足滋味,其中人物虽未与之细谈,其会中组织虽未细究,然耶教之精神以能窥见一斑,胜读十年书矣……今日偶与韩安君谈及此事,韩君极赞吾说,并嘱迪发起一'孔教研究会',与同志者讨论,将来发行书报,中英文并刊……迪颇信孔、耶一家,孔教兴则耶教自兴……将来孔、耶两教合一,通行世界,非徒吾国之福,亦各国之福也。足下在北田所得想极多。迪决于七月初二三左右起程东来,于起程三日前必函告知足下……近者陈焕章出一书名曰 *The Economic Principles of Confucius and His School*,乃奇书。迪虽未之见,然观某报评语,其内容可知。足下曾见此书否?陈君真豪杰之士,不愧为孔教功臣,将来'孔教研究会'成立,陈君必能为会中尽力也。"这里的"青年会"指的是北美中国基督教留学生协会。协会于一九一二年六月十八日至二十三日在威斯康辛的日内瓦湖举行夏令营。胡适也参加了这个夏令营活动,二人由此接触了基督教,并深受震动,梅光迪甚至由此认为"耶教与孔教真是一家"。

一九一二年九月三十日,梅光迪致信胡适:"迪与足下回国后当开一经学研究会……在都中有邑人汪君与迪议论最合,迪之观颜、李二先生书,亦汪君启之也。迪始交足下不过仅以文士目之,今有如许议论怀抱,始愧向者所见之浅,今令我五体投地矣。甚望足下永永为我良友……今奉上《习斋先生年谱》,《李先生年谱》及《瘳忘编》再续奉上。"在此信中,可见梅光迪建议胡适重新认识颜李学派,经过将近一年的交流,胡适决定阅读颜、李的著作，乃向梅光迪借阅。

一九一五年夏天，胡适、梅光迪、任鸿隽等在绮色佳旅游，胡适首倡"文学革命"，遭到任、梅二人的反对。九月十七日，胡适作《送梅觐庄往哈佛大学》，在诗中便提到"文学革命"；九月二十日写了一首答任鸿隽的诗，其中两句："诗国革命何自始？要须作诗如作文。""文学革命""诗国革命""作诗如作文"就是从这时开始的。梅光迪辄反对说："足下谓诗国革命始于'作诗如作文'。迪颇不以为然。诗文截然两途，诗之文字与文之文字，自有诗文以来（无论中西）已分道而驰……一言以蔽之，吾国求诗界革命，当于诗中求之，与文无涉也。若移文之文字于诗，即谓之革命，则诗界革命不成问题矣。"

后来，梅光迪进一步指出："至于文学革命，窃以为吾辈及身决不能见。欲得新文学或须俟诸百年或二百年以后耳"；"迪初有大梦以创造新文学自期，近则有自知之明，已不作痴想……文学革命自当从'民间文学'入手"，并指出"文学革命"之法有四大纲，启发了胡适的文学革命八大纲。

由此，我们可以看出梅光迪最初似乎也不是完全的文学革命的反对者，而是文学革命的参与者，只是路径、方法、革命程度、对文言白话的态度不同而已。难怪后来梅光迪还以"真正的新文化者"自居，而斥胡适等为"新文化之仇敌"。

一九一六年，在梅光迪致胡适的两封信中，梅光迪终于道出自家态度："弟之所恃人生观在保守的进取，而尤欲汲取先哲旧思想中之最好者为一标准，用之辨别今人之'新思想'"；"来书敬悉，迪前函不过自道所经历，并非藉之以按暗攻足下之'人生观',而足下来书云云,冤矣……来书所主张之实际注意与弟所恃之 Himanism（姑译之为'人学主义'可乎）似多合处……吾国之文化乃'人学主义'的,故重养成个人。吾国文化之目的,在养成君子……因弟对于人生观言'人学主义',故对文学则言 Classicism（姑译之为'古文派'可乎）……""保守的进取",可以作为日后整个学衡派的文化姿态。也从中可以看出,从那时起,梅光迪不仅从文学观上反对胡适,从文化观上也开始反对胡适——这并非一般学者所认为到了"五四"时期才开始从文化层面反对胡适。学衡派所主张的新人文主义,在这里就已经出现了,只是梅光迪翻译成"人学主义"。

一九一七年初,胡适发表《文学改良刍议》,在国内正式发起文学革命,与此同时梅光迪在美国发表《我们这一代的任务》,其实正是在回应国内的新文化运动。至此,由于胡适与梅光迪由私人之间的争辩,而进入公开化状态,两人终于走上了渐行渐远的分歧之途。但此时还并没有从根本上影响二人的友谊。譬如梅光迪曾收到胡适的嘲讽诗,梅光迪却说道:"寄叔永'白话诗'嘲弄,读之甚喜。谢谢。"再如,胡适还请梅光迪为《尝试集》作序呢。又如,一九一八年,胡适还曾请梅光迪到北京大学担任英文教授。但是,反对者毕竟是反对者,在今后日趋深入的胡梅之争中,二人的友谊也难免会受到一些影响。

胡梅之争:"反对的朋友"

胡适与陈独秀等发起的新文化运动,与学衡派的反新文化运动，其实肇始于一九一五年的"胡梅之争"。但是，胡梅之争真正进入公开交锋期，还是从一九一九年十月梅光迪回国以后。可以说，一九二〇年至一九二四年，才是真正的"胡梅之争"。

有一个小小的细节，似乎可以说明胡梅之争开始掺入了一些意气之争的味道，为日后两人的友谊不能再延续埋下种子。一九一九年六月，朱经农致信胡适："今有一件无味的事不得不告诉你。近来一班与足下素不相识的留美学生听了一位与足下'昔为好友，今为譬仇'的先生（指梅光迪）的胡说，大有'一犬吠形，百犬吠声'的神气，说'老胡冒充博士'。"当时"胡适博士"在国内暴得大名，梅光迪可能觉得自己知根知底，实在看不过去，乃在留学生中到处说胡适冒充博士。

不过，在梅光迪回国之后不久，两人仍然保持了亲密的关系。梅光迪任教于南开大学的一九二〇年初夏，还曾向胡适借钱，胡适也的确借给他了。但正是当年，梅光迪又在《民心周报》发表《自觉与盲从》一文，反对胡适的新文化运动，虽未指名道姓，但圈子内的朋友都知道，林语堂就曾为此文而致信胡适表示替他打抱不平。那年夏天，梅光迪转任南京高师，在这一年的暑期学校上，梅光迪竟然在课堂上大骂胡适。章衣萍在《胡适先生给我的印象》一文中，回忆了当时的情形："那时我才十九岁，在南京一个中学毕业，便在东南大学当书记。那年的夏天，东南大学办了一个暑期学校，请了胡适到南京演讲。……他那时讲的是'白话文法'与'中国哲学史'。那时梅光迪也在暑期学校讲'文学概论'。他在课堂上大骂胡适。

记得有一次，梅光迪请了胡先骕，到课堂上讲了一个钟点宋诗，胡先骕也借端把胡适大骂。但那时的学生，信仰胡适的，究竟比信仰梅光迪的人多。梅光迪的崇论宏议，似乎没有几个人去听。高语罕那时也是暑期学校的学生，就在课堂上同梅光迪吵过嘴。"（参看高语罕《白话书信》）这件事是多么的有趣。更有趣的是，当时胡适与梅光迪还一起吃饭，两人的友谊到这时也还并未因文化见解的不同而受到根本的影响。

但到了一九二二年《学衡》杂志创刊，梅光迪数发名文攻击新文化运动，甚至有人身攻击的味道，胡适的态度是："东南大学梅迪生等出的《学衡》，几乎专是攻击我的。"（见一九二二年二月四日胡适日记）我想，这时的胡适或许是有一些气愤的吧！但胡适对自己充满了信心，当年十一月三日，胡适作《中国五十年来之文学》，其中提到："今年南京出了一种《学衡》杂志，登出几个留学生的反对论，也只能谩骂一场，说不出什么理由来。如梅光迪说的：'彼等非思想家，乃诡辩家也……'这种议论真是无的放矢。……《学衡》的议论，大概是反对文学革命的尾声。我可以大胆说，文学革命已过了议论的时期，反对党已破产了。"胡适宣言梅光迪等"破产"，已大有不屑与之论辩的味道了，同时也是宣布"胡梅之争"的结束。但胡适与梅光迪的交往并未因之而结束，只是反对者的友谊终将难以持久，梅光迪作为胡适早年的同道、挚友、诤友，再走上"反对的朋友"的道路，终于再也走不下去了。

尾　声

　　一九二四年,梅光迪赴美任教,学衡派也濒于瓦解。学衡派反对新文化运动的高潮期就此结束了。此后梅光迪并未改变自己的文化观,可以说一生未变。"反对的朋友"的关系似乎也就再难持续了。

　　胡适与梅光迪最后一次见面可能是在一九二六年。当年九月一日,两人相遇于巴黎。据《胡适日记》载:"在吃饭时背后有人拍我的肩膀,我回头看时,乃是梅迪生。他自美洲来。别后两年,迪生还是那样一个顽固!"胡适时因中英庚款一事在欧洲。梅光迪即请胡适吃饭,胡适未赴约。一九二七年二月九日,梅光迪在写给胡适的信中说:"你近几年来对我常常的无礼,夏天在巴黎,我请你吃饭,特别办了几样好菜,你早已答应光临,却临时假装忘记,叫我大难为情。"指的正是一九二六年夏在巴黎见面的事。这封信还说:"……或是孩子气,或是酸秀才气,或是江湖名士气,我也不必多说,想你早已觉得惭愧……若你始终拿世俗眼光来看我,脱不了势利观念,我只有和你断绝关系而已。你这回来,我或请你吃饭或不请,到那时看我的兴趣如何再定。"当时,胡适为领取博士学位在美国哥伦比亚大学,梅光迪已在美国教书。这是迄今为止能够发现的最后一封胡、梅通信,信中已经有了"和你断绝关系"的字眼。此后再也找不到二人交往的记载。

　　胡先骕曾回忆说:"胡适之尝言觐庄之病在懒,懒人不足畏,不幸乃系事实。否则旗鼓相当,未知鹿死谁手矣。"一个"懒"字就是胡适对梅光迪的评价,再就是"顽固"二字了。作为"胡梅之争"想当然的胜利者,胡适或许此时已经无意再与梅光迪做"反对的朋友"了。这可能也是中国文化史上的一个带有悲剧意味的友谊——因学术见解的不同,而最终分道扬镳,甚至在现实生活中也无法继续普通的友谊。

一九三五年九月三日,胡适为《新文学大系·建设理论集》作《导言》,其中提到梅光迪:"等到你祭起了你那'最后之因'的法宝解决一切历史之后,你还得解释:同在这个'最后之因'之下,陈独秀为什么和林琴南不同?胡适为什么和梅光迪、胡先骕不同?"这可能也是胡适最后一次正式在文字中提到梅光迪了。

一九四七年十二月二十七日,梅光迪逝世两周年,胡适与梅光迪共同的朋友竺可桢致信胡适,邀请胡适撰写纪念梅光迪的文章,全信如下:"适之学长兄道鉴:今日值迪生去世两周年,在杭迪生生前好友拟为迪生出一专刊,以迪生为吾兄久年知交,且以吾兄望重儒林,极望吾兄能赐寄一文,藉资纪念,并望能于阴历年底以内惠示,长短在所不拘。专此 顺颂 教安 并贺阖家新禧!内子允敏附笔问候。弟 竺可桢 卅六年十二月廿七日。"遗憾的是,胡适日记对此毫无记载,并未撰写纪念文字。稍微让后人感到欣慰的是,梅光迪写给胡适的四十多封信,却被胡适保存了下来,这或许带有纪念早年的朋友的意味?是,或许又不是。因为对于胡适而言,保存这些书信主要是为研究他主导的新文化运动提供一些素材吧!

据台湾学者侯健在一篇文章中提到,晚年胡适在美国遇到梅光迪的妻子李今英，胡适对她说了句"老梅是对的"。我不知这是在宽慰李今英，还是胡适真心对自己早年发动新文化运动感到后悔。这只能供后人去玩味了——胡梅之争的永恒魅力或许也正在此。

作于二〇一三年

梅光迪与新文化运动

在二十世纪的新文化运动中，学衡派扮演了"反对者"的角色。然而，由于世人（尤其是当年的新文学家）对其缺少同情之了解，以致成见颇多，乃至误判。例如，郑振铎在所编的《新文学大系·文学论争集》的《导言》中说："复古派在南京，受了胡先骕、梅光迪们的影响，仿佛自有一个小天地，自在地写着'金陵王气暗沉销'一类的无病呻吟的诗。……梅光迪也写了一篇《评提倡新文化者》。……但胡梅辈却站在'古典派'的立场来说话了。他们引致了好些西洋的文艺理论来做护身符。声势当然和林琴南、张厚载们有些不同，但终于'时势已非'，他们是来得太晚了一些。新文学运动已成了燎原之势，决非他们的书生的微力所能摇撼其万一的了。"在新文学家眼中，学衡派是"复古派"，专门反对新文化运动。如果回到历史现场，我们会发现事实并非如此。学衡派的创始人、主帅梅光迪便是最典型的个例。

左起:梅仪昭、李今英、梅光迪、梅仪芝、梅仪慈

文学改良的赞同者与建言者

依胡适《逼上梁山》所自述，新文学运动实肇始于"胡梅之争"。"胡梅之争"始于一九一五年夏的绮色佳之游。翻阅那时的胡适《留学日记》和梅光迪致胡适的信函，我们可以见到若干原始资料。

梅光迪在写给胡适的几封信中说道：

文学革命自当从"民间文学"(folklore, popular poetry, spoken language, etc)入手，此无待言；惟非经一番大战争不可，骤言俚俗文学，必为旧派文家所讪笑攻击。但我辈正欢迎其讪笑攻击耳。

足下言文学革命本所赞成，惟言之过激，将吾国文学之本体与其流弊混杂言之，故不敢赞同。

弟窃谓文学革命之法有四，试举之如下：

一曰摒去通用陈言腐语，如今之南社人作诗，开口燕子、流莺、曲槛、东风等已毫无意义，徒成一种文字上之俗套（Literary Convention）而已，故不可不摒去之（以上为破坏的）。

二曰复用古字以增加字数，如上所言。

三曰添入新名词，如科学、法政诸新名字，为旧文学中所无者。

四曰选择白话中之有来源、有意义、有美术之价值者之一部分，以加入文学，然须慎之又慎耳。（以上二、三、四三者为建设的，而以第二为最要最有效用，以第四为最轻，最少效用。）弟窃谓此数端乃吾人文学革命所必由之途，不知足下以为何如，请有以语我。

梅光迪在胡适面前，以"文学革命"的"我辈"自居，并欢迎"旧派文家"的"讪笑攻击"，并表示"文学革命本所赞成"，还积极讨论"文学革命之法"，这哪里是新文学运动反对者的所作所为？如试将梅光迪的"文学革命"之四法，与胡适在《文学改良刍议》中的"八事"主张相比较，甚至可以说此四法为其渊源之一呢！尤其难能可贵的是，梅光迪认为"文学革命自当从'民间文学'入手"，这不正是此后万千"新青年"走向"新文学"的主要途径之一吗？

由此可见，在陈独秀、胡适于一九一七年正式发动"新文化运动"之前，梅光迪最初也不是完全的文学革命的反对者，而是文学革命的参与者、建言者，只是路径、方法、程度、对文言白话的态度不同而已。那么，是什么原因导致梅光迪最终走上了"新文化运动的对立面"上去了呢？

走到胡适的对立面

梅光迪对于文学革命审慎的态度（自谓"保守的进取"），在一开始就表现得很充分，他在一九一六年写给胡适的信中说道：

至于文学革命，窃以为吾辈及身决不能见。欲得新文学或须俟诸百年或二百年以后耳。然以足下之奇才兼哲人、文人之长,苟努力为之,或能合康德(因渠为哲学界革命家,故云)Wordsworth 于一人,则迪当从旁乐观其成耳。

迪初有大梦以创造新文学自期,近则有自知之明,已不作痴想,将来能稍输入西洋文学知识,而以新眼光评判固有文学,示后来者以津梁,于愿足矣。至于振起为一代作者,如"华茨华斯""嚣我",为革命成功英雄,则非所敢望也。足下亦自愿为马前卒为先锋,然足下文才高于迪何啻千万,甚望不仅以先锋马前卒自足也。

足下来书称弟守旧,似若深惧一切"新潮流"者,妄矣。窃谓弟主持破坏及前无古人后无来者之观念,亦不让足下。弟所以对于多数之"新潮流"持怀疑态度者,正以自负过高(请恕之)不轻附和他人之故耳。为自由之奴婢与为古人之奴婢,其下流盖相等,以其均系自无所主,徒知人云亦云耳。

梅光迪认为文学革命"吾辈及身决不能见",已不"痴想""创造新文学",同时他还认为"为自由之奴隶"与"为古人之奴隶""其下流盖相等"。他的这两种心态,可谓坚持了一生,也成为他今后走上新文化运动的对立面上的思想根源。他自不会"为古人之奴隶",然而,或许在他看来,胡适无疑已是"自由之奴隶"了。

等胡适归国发起新文学运动,暴得大名,梅光迪对他的态度发生了一些转变,在心理上开始反对胡适。这种反对随后又渐渐超出个人心理,而成为不同文化立场之争了。正当胡适在《新青年》发表《文学改良刍议》时,梅光迪在 The Chinese Students' Monthly 发表 The task of our generation 等文,他说:"我们今天所要的是世界性观念,能够仅与任一时代的精神相合,而且与一切时代的精神相合。我们必须了解与拥有通过时间考验的一切真善美的东西,然后才能应付当前与未来的生活。这样一来,历史便成为活的力量。也只有这样,我们才有希望达到某种肯定的标准,用以衡量人类的价值标准,借以判断真伪,与辨别基本的与暂时性的事物。"其立论之高,实不亚于陈独秀、胡适。

一九一八年春,胡适邀请梅光迪任北京大学教授。梅光迪回信说:

> 嘱来北京教书,恨不能从命。一则今夏决不归国,二则向来绝无入京之望。至于明夏归去,亦不能即捉教授之职,须在里中徜徉数日或半年,再出外游览数月,始可言就事。然亦绝不作入京之想矣。……《新青年》近数号未之见。闻足下已大倡 Ibsen(易卜生)。足下所主张无弟赞一辞之余地,故年来已未敢再事哓哓。盖知无益也。……吾料十年廿年以后,经有力有识之评论家痛加鉴别,另倡新文学,则托尔斯泰之徒将无人过问矣。

与此同时,梅光迪还开始在哈佛寻找"同志"以便回国与胡适"作战"。据学衡派的主将吴宓在《自编年谱》里回忆:

八月初,遂来访宓,并邀宓至其宿舍,屡次作竟日谈。梅君慷慨流涕,极言我中国文化之可宝贵,历代圣贤、儒者思想之高深,中国旧礼俗、旧制度之优点,今彼胡适等所言所行之可痛恨。昔伍员自诩"我能覆楚",申包胥曰:"我必覆之。"我辈今者但当勉为中国文化之申包胥而已,云云。……宓听后,十分感动,当即表示,宓当勉励追随,愿效驰驱,如诸葛武侯之对刘先主"鞠躬尽瘁,死后而已"云云。……彼(指梅光迪)原为胡适之同学好友,迨胡适始创其"新文学""白话文"之说,又作"新诗",梅君即公开步步反对,驳斥胡适无遗。今胡适在国内,与陈独秀联合,提倡并推进所谓"新文化运动",声势煊赫,不可一世。梅君正在"招兵买马",到处搜求人才,联合同志,拟回国对胡适作一全盘之大战。按公(吴宓自称)之文学态度,正合于梅君之理想标准,彼必来求公也。……此后一年多,宓多与梅君倾谈,敬佩至深。梅君师事哈佛大学法国文学及比较文学教授白璧德先生(此名,系胡先骕君所译),受知甚深。遂为宓讲述白璧德及其知友穆尔先生之学说,立取两先生所著之书(后宓皆自购存全套)借与宓读。又引宓至白璧德先生寓所拜见白璧德先生,奉以为师。

自此,梅光迪走上了反对胡适式新文化运动的立场上了。另一则史料还显示,此时的"胡梅之争"开始夹杂了个人意气之争。在梅光迪一九一九年回国前,他在留美学生中,宣称胡适"冒充博士",自此酿造了长达半个多世纪的胡适"博士学位"公案。

反对"新文化运动"

一九二〇年，梅光迪在《民心周报》第一卷第七期发表《自觉与盲从》一文，公开表示反对新文化运动，虽未指名道姓，但圈子内的朋友都知道是在反对胡适，林语堂就曾为此文而致信胡适表示替他打抱不平。与此同时，梅光迪开始筹办《学衡》杂志，以此为阵地，以吴宓、胡先骕等盟友，正式结成了学衡派。

一九二二年《学衡》杂志创刊，其中即发表有梅光迪的名文《评提倡新文化者》，其中说到"彼等非思想家乃诡辩家、彼等非创造家乃模仿家、彼等非学问家乃功名之士、彼等非教育家乃政客"。而胡适的态度是："东南大学梅迪生等出的《学衡》，几乎专是攻击我的。"（见一九二二年二月四日胡适日记）当年十一月三日，胡适作《中国五十年来之文学》，其中又提到："今年南京出了一种《学衡》杂志，登出几个留学生的反对论，也只能谩骂一场，说不出什么理由来。如梅光迪说的：'彼等非思想家乃诡辩家也……'这种议论真是无的放矢。……《学衡》的议论，大概是反对文学革命的尾声了。我可以大胆说，文学革命已过了议论的时期，反对党已破产了。"胡适宣言梅光迪等"破产"，已大有不屑与之论辩的味道，同时也是宣布"胡梅之争"结束。

在国家图书馆所藏的梅光迪讲义中，笔者还发现，梅光迪以"真正的新文化者"自居，而斥胡适等为"新文化之仇敌"。那么，什么是梅光迪所理解的"新文化"呢？

台湾学者林丽月如是认为：

> 梅光迪秉承白璧德学说，对民初以来的社会现状与学术思潮，也抱悲天悯人的忧时心情。他对"五四"的抨击，前期以反对胡适的文学革命为主，后期以抨击"五四"新文化运动为主，理论中心在文化。他强调文化不论中西，都须经过严格的批判，即须审慎的选择。梅光迪理想中的新文化，绝非以实现儒家的人文主义为满足，其终极目标在建立一个融贯中国传统与白璧德人文主义的文化。这种新文化一方面由中国传统中衍生，一方面自西方文化精髓的吸收中得来。而其基本态度就是审慎的评判。这是梅光迪始终不同意胡适派所提倡的新文化运动的关键所在，也是梅光迪理想中的新文化之精华所在。

一九二四年，梅光迪赴美任教，学衡派也濒于瓦解。学衡派反对新文化运动的高潮期就此结束了。此后梅光迪并未改变自己的文化观，可以说一生未变。例如，一九二六年，梅光迪在美国《国家》月刊发表英文文章《西方在觉醒吗》，其中说道：

> 这种势在必行的苏醒却让她（中华民族）付出了沉重的代价：不仅是国权和名誉，而且还有民族精神。如今给予青年一代熏陶的，不是儒家的经典，也不是近代本国的文学和哲学，而是西方的现代报纸及各种各样的"新思想"。于是，他们变得易怒而任性，越来越不沉稳，失掉了其传统文化中最具特色的稳重与宁静。

这可以说是振聋发聩之声，对于当下之中国依然如此。

一九三〇年，梅光迪又在美国《读书人》杂志发表英文文章《人文主义和现代中国》，追述了"五四"时期学衡派所发动的"中国的人文主义运动"。他说：

受其特有的各种条件和问题的限制，中国肯定不能全盘照搬美国人文主义运动的模式。因为缺乏创造性等因素，中国的运动甚至没有自己的名称和标语；但是就许多基本的思想和原则而言，美国的人文主义运动为它提供了重要的资料和灵感源泉。……中国只经过了一代人，便从极端的保守变成了极端的激进，的确令人惊叹。现在，它要算这个世界上除了苏俄之外，最无传统可言的国家了。……在像胡适这样聪明而新潮的现代派人物的领导下，不弃不馁地推进着中式生活的西方化。不过，他们已走得太远，已不再是如他们自己宣称的那样，进行着"中国的复兴"，而是铸成了"中国的自取灭亡"。

但不管怎么说，到了二十年代中期至三四十年代，胡适主导的新文化运动已经取得了绝对的优势了。胡先骕曾回忆说："胡适之尝言觐庄之病在懒，懒人不足畏，不幸乃系事实。否则旗鼓相当，未知鹿死谁手矣。"一个"懒"字就是胡适对梅光迪的评价，再就是"顽固"二字了。这个"顽固"的新人文主义者，终其一生都行走在反对胡适领衔的"新文化运动"的道路上，直至生命的结束。

为儿童创作的丰子恺

在现代文学史上，与儿童的关系最为密切的作家恐怕是丰子恺了。他甚至比叶圣陶、冰心、张天翼等举世公认的儿童文学作家更为贴近儿童的心灵世界和日常生活。早在一九二八年，丰子恺便在《儿女》一文中说道："我的心为四事所占据了：天上的神明与星辰，人间的艺术与儿童。"是的，儿童时时刻刻都在他的心里。他创作"儿童漫画"，讲述"幼儿故事"，到了四十年代后期，丰子恺已经是全国有名的儿童文学大师。

被严重低估的儿童文学作家

二十世纪四十年代，丰子恺先后出版了《文明国》（一九四四）、《猫叫一声》（一九四七）、《博士见鬼》（一九四八）等儿童文学作品集。同时，他还在《儿童故事》杂志上连载《博士见鬼》中的一些童话。

丰子恺像

其实，如果整体来考察丰子恺的儿童文学创作，我们应该予以全方位的分析。不过，丰子恺作为一位卓有成就的儿童文学大师，此前长期以来大家对他是有所忽视的，甚至很少有人知道他是一名儿童文学作家，这是因为人们对"儿童文学"的理解有不同。

例如，陈星在《丰子恺评传》中说："一些研究者对丰子恺的儿童文学创作存在着一个误解，即把他早期许多写儿童的散文归入到儿童文学范畴中去。"并认为丰子恺"未必是在有意识的创作儿童文学。同理，丰子恺于一九三七年一至六月《新少年》第三卷第一至十一期上发表过音乐故事十一篇；于一九三六年一至十二月在《新少年》第一卷第一至第十二期及第二卷第一至十二期上发表过美术故事二十四篇，从文体和读者对象等因素而论，这些故事似乎也能归为广义上的儿童文学作品，但丰子恺自己是否认为他是在写儿童文学呢"？

正由于以上的怀疑，陈星等丰子恺研究专家对丰子恺的儿童文学作品及其成就估计得极其不够。

但是，儿童文学界的研究者对此看法相反。例如，儿童文学理论家王泉根教授在《丰子恺儿童文学全集·总序》中说：

从作家的创作动机与儿童实际接受的维度考察，丰子恺的儿童文学作品，实际上可以分为"儿童本位的儿童文学"与"非儿童本位的儿童文学"两大类。属于"儿童本位"的，主要是丰子恺创作的童话、音乐故事、美术故事等，这是作者明确为儿童而写，而其创作姿态也全是儿童视角的；属于"非儿童本位的"，主要是他以自己"小燕子似的一群儿女"为对象而写的散文，这些作品除了处处流露出一个善良温厚的父亲对孩子无比深切的慈爱外，还表达了作家透过儿童世界对现实社会人世的感悟、感叹与感慨，其背后有着殊为复杂的人生哲学意味。但无论是"儿童本位"还是"非儿童本位"的作品，都一样地能为儿童所接受和喜爱，其原因已如上所述，那就是丰子恺对儿童的真性情，真性情成就了儿童文学的真价值。

这是非常恰如其分地对丰子恺的儿童文学作品进行了定位、区分。王教授提到的这部《丰子恺儿童文学全集》，总共分为七册。在这七册中，按照王泉根教授的划分方法，《小钞票历险记》《博士见鬼》《少年音乐故事》《少年美术故事》属于"儿童本位"的儿童文学作品；《给我的孩子们》《华瞻的日记》《中学生小品》属于"非儿童本位"的儿童文学作品，饱含童心，同时成人作为散文阅读也非常适宜。

同时，按照文体来划分，丰子恺的儿童文学作品又可以划分为三大类：第一类是描写儿童生活的散文；第二类是以儿童口吻描写的艺术故事；第三类是童话。

第一类作品，丰子恺最早创作于二十年代，例如《幼儿故事》《儿女》《忆儿时》《华瞻的日记》《给我的孩子们》《穷小孩的跷跷板》《送阿宝出黄金时代》等。这一类作品甚至还包括丰子恺作于晚年的《癞六伯》《王囡囡》等。这些作品或以儿童视角，或写儿童生活，或表示对童年的依恋与向往，都是小孩子可以读、能够读、好理解的美文。

第二类作品是一九三六至一九三七年丰子恺在《新少年》上连载的两部故事集:《少年美术故事》《音乐故事》。在这两本书中,丰子恺以小孩子作为主人公,讲述他们接近、了解、学习音乐和美术的故事,无形之中也让小读者亲近了艺术之门。我想,这类作品也是可以纳入儿童文学作品范畴的。这种作品,既是十二岁左右的孩子喜欢阅读的儿童故事,又是一种艺术教育。这种写法即便放在今天,也是一种创举。

第三类作品主要是《博士见鬼》等,当时丰子恺是作为童话集来出的。其实,以当今的童话标准来看,这些作品也很难被视作童话。但是,对于正在成长中的儿童文学而言,过于苛求丰子恺是没有必要的。现在的许多所谓儿童文学史里,涉及民国的童书,又有多少能够说是儿童文学作品呢?

儿童漫画大师丰子恺

丰子恺是中国第一位热情、主动地为孩子们画漫画的画家。他一生总共绘画了几千幅漫画作品,其中接近一半是儿童题材,或者反映儿童生活的漫画。其数量甚至远在代表丰子恺漫画成就的《护生画集》之上。他生前甚至还直接出版两册直接以儿童漫画命名的画集,这就是一九三二年开明书店版的《儿童漫画》《儿童生活漫画》。其他直接反映儿童生活的画集还有《学生漫画》《毛笔画册》《幼幼画集》《儿童新画册》《学生新画册》《学生相》《儿童相》

等，总共有十多种之多。

一九二二年，由夏丏尊介绍，丰子恺到浙江上虞白马湖春晖中学任图画音乐教师。在春晖时，丰子恺开始用毛笔作简笔写意画，画风受日本画家竹久梦二、中国画家陈师曾等人影响，题材多取古诗词句、儿童生活、社会现实。这时的作品后来集结为《子恺漫画》，这是中国的第一部漫画集。其中，就有一些以儿童为题材的漫画，例如《灯前》《亡儿》《阿宝赤膊》《穿了爸爸的衣服》等，让我们看到了儿童的命运、儿童的天真等各个侧面。

一九二五年，俞平伯的诗集《忆》由北京朴社出版。这本诗集多为回忆儿童生活，因此不少研究者将之纳入儿童诗集范畴。当时，丰子恺就手书诗歌，影印收入书中，并为之配图十八张，其中彩图八幅，黑白十幅。这些插图也饱含儿童味，让世人集中地领略了丰子恺的儿童漫画艺术。

随后，丰子恺又为友人赵景深著《童话概要》《童话论集》，意大利科罗狄著、徐调孚译《木偶奇遇记》，英国罗斯金著、谢颂羔译童话集《金河王》，夏丏尊译《续爱的教育》，顾均正译述印度童话故事集《公平的裁判》，叶圣陶著《稻草人》等与儿童有关的图书设计封面，可见丰子恺与儿童和儿童文学结缘颇深。一九三一年，丰子恺还陆续为中华儿童教育社编《儿童教育》绘制封面多幅。

丰子恺出版的第一部集中以儿童形象、反映儿童生活的画集是一九三一年开明书店版的《学生漫画》。此书已由海豚出版社推出影印版，很快就会与广大读者见面。编者吴浩然在编后记中说道：

丰子恺自浙江省立第一师范学校毕业后，一直从事教育工作。因此，学生生活对他来说再熟悉不过了。他把学生顽皮、好动、求知、叛逆的特点及一些有情趣的日常情节速写出来，从教室到校园、从寝室到校外，观察细致入微，用笔轻快自然，呈现给读者一幅幅生动细腻的学校生活画卷。也有部分作品以教师、家长身份的切身感受为主要素材，参以教育理念，描绘人间冷暖，共得漫画一百幅。作者在书衣上绘制了几十名学生不同的面部表情，人头攒动，神情各异，塑造出了学校生活的学生群像，与书的主题内容密切相关。

从此以后，丰子恺开始大量为儿童画漫画，光明确以"儿童""学生"命名的漫画集就有十种左右。

一九五六年，中国外文局外文出版社以英、德、波兰三种外文出版《丰子恺儿童漫画》。此为丰子恺漫画由我国出版的最早的外文版，丰子恺的儿童漫画艺术由此走向了世界各地。

丰子恺先生曾叹道："孩子能撤去人世间事物因果的网，看见事物本身的真相，他是创造者，能赋给生命于一切的事物，他们是'艺术'的国土的主人。"可以说，丰子恺一生的艺术都是童心的艺术，他以儿童的心理看待人生、国家和社会，创造出独特风格的"子恺漫画"。

丰子恺晚年在《我与〈新儿童〉》中说："读过我的文章的人，看过我的儿童漫画，而没有见过我的人，大都想象我是一个年青而好玩的人……我相信一个人的童心切不可失去。大家不失去童心，则家庭、社会、国家、世界，一定温暖、和平而幸福。"说这话时，丰先生已经五十二岁了，我们看到的仍然是他孩童般的纯净的心。

今天，丰子恺的儿童文学和儿童漫画成就已经得到了海内外的认可。二〇〇九年，全球华文图画书奖最高奖丰子恺儿童图画书奖问世。该奖每两年评选一次，旨在推广优秀的华文原创儿童图画书，及表扬为儿童图画书做出贡献的作者、插画家和出版工作者，这是第一个国际级的华文儿童图画书奖。该奖项由致力推广儿童阅读与亲子共读的陈一心家族基金会发起，在丰子恺的女儿丰一吟女士的支持和允许下，该奖以丰子恺先生之名命名。由此可见丰子恺与儿童的关系已经定格在万千炎黄子孙的心中。

作于二〇一四年

丰子恺的《黔桂流亡日记》

一九四四年,重庆万光书局出版了丰子恺的《教师日记》,收录了丰子恺自一九三八年十月二十四日至一九三九年六月二十四日的日记。其实,此后丰子恺还在坚持写日记,为世人所知的是《黔桂流亡日记》。《丰子恺文集》中收录的《黔桂流亡日记》一共八则,其中两则为《逃难板》(一九三九年七月十六日)、《荒冢避警》(一九三九年七月二十八日)作为散文收入《文学卷一》,另外六则(一九三九年九月八日、九日、十一日、十二日、十三日、十四日)作为《病中日记》收入《文学卷三》。

其实,笔者认为,《教师日记》应为丰子恺《黔桂流亡日记》的一部分,可惜世人将其分开,实不明其时间的连贯性。丰子恺的《黔桂流亡日记》都创作于广西桂林、宜山,其中一段浙江大学时期的"宜山日记"是最著名的,或许因为丰子恺写过《宜山遇炸记》。关于丰子恺到

丰子恺的《黔桂流亡日记》

宜山浙大，李永军先生在《竺可桢冒险迎接丰子恺全家来浙大》所述甚详，内中就提到刚入宜山即被炸的故事：

> 4月5日，丰子恺到达广西桂林两江，当时的浙江大学校长竺可桢闻讯后，立即派专车前往迎接丰的全家。他们搭乘浙江大学派去的专车，经阳朔、荔浦、柳州，于4月8日到达宜山。尚未进入宜山县城，就闻警报刺耳，接着天空一阵轰鸣，五架日制的"零式"轰炸机低低地掠过天空，地面上的防空警报声、哨子声，人们惊恐万状的哭喊声、奔跑声乱成一团。他们的车子陷入泥坑之中，被迫停在公路边，飞机俯冲下来，帮助推车的几个警察惊恐地四散逃窜……因紧急警告尚未解除，他们被告知必须把车子驶到县城南郊安全地带暂时躲避。无奈中，他们一行只好又沿来路返回到离县城4公里的峡口悬崖下。在暮色中，丰子恺遥望着宜山县城思索着……警报解除后，车子进入宜山县城，直驶西门。……没想到浙大校长竺可桢已经派人在那里等候，并把他的老母亲、妻子、年幼的孩子接到龙岗园（现今宜州市内燃机厂院内）暂住。……饱受战事离乱之苦的丰子恺，就在这里继续他的读书讲学创作。

其实，丰子恺在宜山遇炸多次，其中一次他还留下了日记——《宜山遇炸——黔桂流亡日记之一》，显得更为生动。由于此则日记未曾收入《丰子恺文集》，兹录全文如下：

 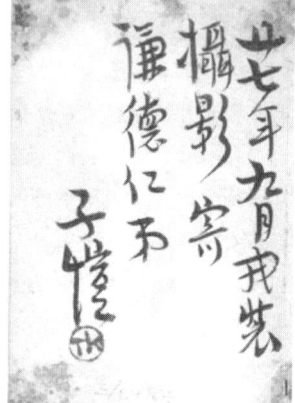

黔桂流亡时期着戎装的丰子恺

上午十时警报至。十一时许解除。下午一时许警报又至。往日有警报，我常躲避屋旁岩石间。今日不知何故，发心逃出野外，且抱新枚而逃。逃至门外半里许岩石间，见一石缝宽二三尺许，左右有石壁而上无盖。即与满姊，软软，一吟，新枚五人共入石缝中。浙大同事男女七八人亦至。十余人共攒石缝，中有一人以伞误触黄蜂窠，黄蜂群起抵抗。一女人被螫，呼痛，诸人皆逃出。而紧急警报忽发。于是诸人不复怕蜂，仍攒石缝。蜂亦不再螫，似有知者。我本居缝口，见缝中人多，乃独赴邻近大石下，蜷卧丛草中。约十余分钟，敌机至。我从草中窥之，见九架，在我头顶稍偏东处。俄而炸弹声大作。我所卧之地面略为震动。度其远近约在一里左右。如此去而复来，共投弹四次。我之环境乃岩石起伏之荒地，心知不为投弹目标。然当胡禽初次飞过头顶时，及弹声初次震响时，不免惊骇。惊骇立即变为愤怒。愤怒终于变为镇定。第四次轰炸时，我正在草间吸纸烟也。三时许解除警报。随诸儿赴城察看，见西门外体育场直径丈余，深五六尺之地洞四个。其二分布于场中旗杆之左右，去旗杆均不过一丈，而旗杆巍然矗立，毫不倾侧，其如泥基石亦略无损坏。人言此国家基础巩固之象征也。复西行，见汽车站对面一小店被毁。军校医院亦受一弹。山谷公园（此公园以黄山谷名）中受一弹，有二人死树林下，惨不忍睹。此外直西五里外某村，受弹最多，村屋被焚。盖军校学生所居也。此次共投百余弹，死伤六七人。然大都由于无知，不避地，或避地不良，以至于死。例如公园中二尸，其身旁即有一深而窄之沟，沟中水甚浅。使二人肯入沟中，则无恙也。

倘得处处设备周密，人人行动敏捷，则敌机实不能毁吾人之一毛。由此观之，空袭虽烈，亦复可怜！我个人此次所受惊骇，实为抗战以来最大之一次。二十六年十一月二十一日下午二时在石门湾缘缘堂第一次听炸弹时，虽地小弹多，危险万分，然所投皆小弹，炸声不大。且不意中突如其来（事前我等确信此全无军事设备之小镇不致被炸也）。人皆不觉其可怕也。其后逃难途经杭州及南昌，皆遭逢空袭。居长沙及桂林时，亦逢数次空袭。或距离甚远，或并不投弹。居汉口时空袭最多，非但不惊，且感快意。因汉口吾国飞机甚多，一发警报，群起迎战，时将敌机击落，盖有抵抗而无恐怖也。今宜山军校所在，目标甚多；而全无抵抗，任其肆虐。我身虽可避患，而心不胜其愤。彼以利器从天上杀来，我以肉体匍匐地上，万有一死之可能。有生以来，未曾屈辱至于此极也！二十八年七月二十一日于宜山。

除一九三九年七月二十一日记有日记之外，《丰子恺文集》未收的《黔桂流亡日记》还有两则，其中一则写于一九三九年六月三十日，离《教师日记》的最末一则一九三九年六月二十四日，仅隔六天。兹录二则日记如下：

绘事后素
——黔桂流亡日记之一

明日考艺术教育及艺术欣赏。今日预为出题。题中用"绘事后素"一语。检《十三经注疏》"绘事后素"解，发见其与朱注大异："郑曰：绘画，文也。凡绘画先布众色，然后以素分布其间，以成其文。喻美女虽有倩盼美质，亦须礼以成之。"疏曰："子夏闻孔子言绘事后素，即解其旨，知以素喻礼，故曰礼后乎。"又正义曰："案考工记云：绘画之事杂五色。下云：画缋之事后素功。是知凡绘画先布众色，然后以素分布其间，以成其文章也。"朱注则曰："绘事，绘画之事也。后素，后于素也。考工记曰：绘画之事后素功，谓先粉地为质，而后施五彩。犹人有美质，然后可加文饰。"又曰："礼必以忠信为质，犹绘事必以粉地为先。……杨氏曰：甘受和，白受采。忠信之人可以学礼。苟无其质，礼不虚行。此绘事后素之说也。"今从朱子。因《注疏》所谓"凡绘画先布众色，然后以素分布其间"，甚不合画理。吾国绘画向重素地。惟西洋画不留余地，需白则用白粉涂抹。但亦非先布众色，然后以白粉分布其间者。只有某种图案，或用此法亦甚罕有。今言"凡绘画先布众色，然后以素分布其间"，此言不易解，故不从。

廿八年六月三十日于宜山

看凤凰城
——黔桂流亡日记之一

杨女士送来入场券，邀我等今晚去看励志社演剧。七时同陈宝等六人伙颐观剧，诸兄皆揩油，我独出法币二元买一名誉券，共坐最前最中一排椅上。台上角色须眉毕见，布景上灰尘亦看得清楚。人云观剧宜远，信有理也。所演为凤凰城，即苗可秀殉国故事，各人表现皆出劲。主角苗可秀每幕出场，言行慷慨激昂，出力尤多。苗可秀抛却妻子，其仆张生抛却恋人，而一同从戎死国。剧中关于生离死别之描写，颇能动人。我于此痛感战争之罪恶。今日偶阅苏东坡代张方平谏用兵书。此感尤为痛切。抄数段在此："臣闻好兵犹好色也。伤生之事非一，而好色者必死；贼民之事非一，而好兵者必亡。""且夫战胜之后陛下可得而知者，凯旋，捷奏，拜表，称贺，赫然耳目之观耳。至于远方之民，肝脑屠于白刃，筋骨绝于馈饷，流离破产，鬻卖男女，薰眼，折臂，自经之状，陛下必不得而闻也。慈父，孝子，孤臣，寡妇之哭声，陛下必不得而闻也。譬犹屠杀牛羊、刳脔鱼鳖，以为膳馐，食者甚美，死者甚苦。使陛下见其呼号于挺刃之下，宛转于刀几之间，虽八珍之美，必将投箸而不能食，而况用人之命，以为耳目之欢乎？""今陛下盛气于用武，势不可回，臣非不知。而献言不已者，诚见陛下圣德宽大，听纳不疑，故不敢以众人好胜之常心，望于陛下。且意陛下他日亲见用兵之害，必将哀痛悔恨，而追咎左右大臣未尝一言，臣亦将老且死，见先帝于地下，亦有以藉口矣。惟陛下哀而察之。"不知今日日本文化人中，亦有作此论者否？

剧场散出已十二时。照昔年平居杭州时惯例，必上酒面店饮酒吃炒面，然后坐黄包车返家。今日惯性犹存，然环境大非昔比。仅有一糕饼店尚未关门，买蛋糕十二块，且行且吃，返家已过夜半。

二十八年七月九日于宜山

五年梦寻丰子恺

缘　起

二〇〇九年初秋，俞晓群先生由辽宁出版集团副总裁调任中国外文局海豚出版社社长。他是一位有着深厚的学术功底、浓郁的文化情怀的出版家，他深知一家出版社应该用品牌来做支撑，这样才能在读者心目中立于不败之地。他首先就将几米、丰子恺、董桥、海豚书馆等品牌纳入社里。

当时，丰子恺并不是很"热"，在一般出版社看来，可能还只是当作一般的名家，并不认为值得全面深入开发。俞社长的过人之处就在于，他能发现这一潜在的宝藏。二〇一〇年，俞社长亲赴上海拜访丰子恺的女儿丰一吟，取得了《丰子恺全集》的版权。

关于俞社长如何想到出版丰子恺并取得《丰子恺全集》的版权，二〇一三年底，他曾写过一篇名为《丰子恺全集》(原载二〇一四年一月三日《深圳商报》)的文章记述此事：

二〇一〇年六月八日，陈子善先生来京开会。他正在主编"海豚书馆"红色系列，故而来海豚出版社小聚。席间谈到国家项目很多，我们做一点什么呢？编辑L问："丰子恺的著作如何？"陈先生接话说："丰子恺先生东西很多，大部分出过，但《丰子恺全集》还未出。我与丰家比较熟，丰家拍卖一些诗画时，经常会通知我。我可以帮助你们联系。"

闻听此事，我立即请陈子善先生帮忙，联系丰家，看是否肯让我们组织出版《丰子恺全集》。十天后，陈先生来短信称，已经与丰子恺的女儿丰一吟说好，同意与我们谈一谈。七月六日，我与李忠孝专程到上海，在陈子善先生陪伴下，来到丰家，拜见了丰一吟女士。由于有陈先生举荐，我们谈得很顺利。丰一吟女士说，在上海市政府的支持下，她一直在整理父亲的作品，包括漫画、散文、日记、书法、译文、音乐理论等门类。做全集，她提出"译文"部分正在浙江大学出版社操作，此次可以不收；"书法"部分不易整理，也可以不收。这样一来，会有三十几卷。我们按照出版规范，做了整编预算，大约需要五百万元投资。

就这样，海豚出版社获得了《丰子恺全集》的专有出版权，当时与丰子恺后人还达成协议："在全集出版前后，海豚出版社可以大规模专有开发丰子恺作品。"也就是说，海豚出版社在取得《丰子恺全集》版权的同时，也取得了开发丰子恺作品的专有版权。

然而，海豚出版社申报《丰子恺全集》的国家出版基金却不是一帆风顺的。从二〇一〇年开始申报，先后至少三次，直至二〇一三年八月才被通知纳入国家"十二五"出版规划的增补项目里。以此为基础，二〇一四年，海豚出版社再次正式将《丰子恺全集》申报二〇一五年度国家出版基金。也就是说，从二〇一〇年至二〇一四年，整整五年，海豚出版社出版丰子恺作品、筹备《丰子恺全集》的出版工作，没有拿到任何国家补贴。这足见俞晓群社长对丰子恺"痴心不改"，咬定丰子恺不放，简直已经形成了一个"丰子恺梦"。他的这种精神，我常为之动容！

那么，我又是如何结缘丰子恺，为俞社长实现他的"丰子恺梦"呢？俞社长在同一篇文章里记述道：

恰逢此时，湖北眉睫希望来京工作。我以此为契机，在二〇一一年初，专门组织了一个团队，由眉睫牵头，重点编辑《丰子恺全集》，以及"经典怀旧"系列图书。两三年来，出版了《丰子恺儿童文学全集》《缘缘堂书丛》《影印版丰子恺漫画集》等七十多种图书。这些书收入丰子恺集外佚文数十万字，佚信上百通；首次在《子恺日记》中，收入丰子恺一九四〇年的两万字日记。与此同时，我们请丰一吟、陈子善先生出任《丰子恺全集》总顾问，陈星先生出任主编，分卷主编有陈建军（文学卷）、吴浩然（美术卷）、刘晨（艺术理论卷）、杨子耘（书信卷）、宋雪君（书信卷），还有叶瑜荪、朱显因等，将相关工作一步步推进下去，到今年年底，全稿已经基本完成。

可以说，俞晓群社长是出版界"重新发现丰子恺"第一人，也是近几年"丰子恺热"的直接发动者。这需要有出版家的深邃眼光才能敢为人先。现在，"丰子恺"已经大热，不少出版商已经盯上来了。但丰子恺在某些人眼里只是一般的名家，只能在丛书里单出一册的时候，他们又干什么去了呢？可见，能够真正重新发现丰子恺，必须是类似俞晓群先生这样的丰子恺迷。

《丰子恺儿童文学全集》的影响

在《丰子恺全集》编纂工作正式启动之前，俞晓群社长就提出抓紧出版丰子恺作品。二〇一〇年，在时任总编室副主任李忠孝先生的带头下，海豚出版社策划出版了十卷本的《丰子恺儿童漫画选》。这套书是继京华版《丰子恺漫画全集》之后，又一次较大规模地出版丰子恺的漫画作品，在一定程度上填补了当时的市场空白。且因题材集中，符合海豚出版社的少儿方向，所以产生了极大的社会效益、经济效益，证明了丰子恺作品的出版价值。

二〇一一年二月，我初来海豚出版社。通过集中阅读浙版七卷本《丰子恺文集》及有关研究资料后，我向俞晓群社长提出丰子恺的五年出版计划，包括《丰子恺儿童文学全集》《丰子恺散文全集》《缘缘堂书丛》《丰子恺漫画集全编》（后改为《影印版丰子恺漫画集》）《丰子恺谈艺录》等系列出版工程，并主张同时出版《丰子恺全集》，而且这些子项目不过是《丰子恺全集》的阶段性研究成果的呈现。这一出版思路得到了俞晓群社长的支持。二〇一一年我就请吴浩然、陈建军等专家担任《丰子恺全集》的编委，分别负责美术（漫画）卷和文学卷，并请他们承担以上子项目的主编工作。

考虑到在童书领域，丰子恺是不受重视的儿童文学大师、儿童漫画大师，而且海豚出版社又是一家少儿出版社，并且市面上尚未出版过丰子恺的儿童文学作品集，最多也只是单本的选集，应该首先策划出版丰子恺的儿童类作品，于是我马上提出出版《丰子恺儿童文学全集》一书，因此，这套书将是中国第一套《丰子恺儿童文学全集》。在一般人看来，丰子恺不是典型的儿童文学作家（这直接导致世人不重视丰子恺的儿童文学作品，更不会去系统整理研究丰子恺的儿童文学作品），所以他的哪些作品属于儿童文学范畴是一个值得思考研究的问题（此前除台湾林文宝老师编过丰子恺的儿童文学作品集外，其他可供参考的版本几乎没有）。一些著名丰子恺研究专家甚至直接认为丰子恺不是儿童文学作家。

我通读《丰子恺文集》后，大胆将丰子恺写儿童生活、写给儿童阅读的作品分为三大类：一是儿童艺术故事类；二是童话类；三是儿童散文类。其中，儿童故事包括《音乐故事》《少年美术故事》。当时的书名写着"少年"，其实是"童年"的意思，这是时代的说法不同。童话则包括丰子恺生前出版的《博士见鬼》《小钞票历险记》等。其中《小钞票历险记》《文明国》等十分罕见，一般读者根本见不到。儿童散文的编选难度较大，需要仔细将每篇散文过目，认为小学生能够读懂，确实是写儿童的才好纳入。我们在设计、制作《丰子恺儿童文学全集》的时候，就请了著名装帧设计家吴光前先生担任总设计师，从版本的择取、版式设计、封面设计、内文配图的找寻，一直到纸张的选取，我都与吴先生进行了细致的沟通。我们一致认为，丰子恺是大师，我们要对得起丰先生，不能胡乱配图，不能选用劣等版本，要最大限度原汁原味地呈现丰子恺作品的精神。这是我们在整体设计中的努力追求。

这套书出版后，产生了极大的社会效益和经济效益，对于恢复丰子恺的儿童文学大师地位起到了一定的作用。这套书成功入选二〇一三年度国家新闻出版总署向全国青少年推荐的百种优秀图书。二〇一四年初，我们根据陈建军教授提供的一些最新发现成果，又增补了几万字，推出了七卷本《丰子恺儿童文学全集》的最新版和三卷本的精装典藏版。

在中国儿童文学史上，丰子恺是堪称与叶圣陶、冰心、张天翼等一较高下的大师级人物，甚至他比这三位与儿童的世界更接近！丰子恺对儿童心理的把握和理解比以上三位更细腻，将艺术与童心结合得更好。我在这套书的基础上撰写《丰子恺儿童文学传论》一书，将向世人呈现丰子恺的童心艺术世界。对于丰子恺的儿童文学成就，似乎只有他同时代的文学家凌叔华能够认识到。她曾在《文学里的儿童》中说："近代中国慢慢也有一些描写儿童好的作品了。如丰子恺、老舍、张天翼、叶绍钧诸先生都曾在这上面努力过，努力最大而成绩也多的算是丰子恺先生。他为儿童写了不少有用的书，如《少年美术故事》之类,他的写法非常圆润自然。"这里明确提出丰子恺成就最大,且置于张天翼、叶圣陶之上。值得一提的是,最近与儿童文学理论家朱自强教授接触,我们也一致认为丰子恺、凌叔华、老舍等对中国儿童文学的影响恐怕更具有积极意义,在后人的眼里,丰子恺等人将比张天翼、叶圣陶、冰心更值得儿童文学读者敬仰和喜爱。

《丰子恺全集》的阶段性出版成果

在《丰子恺文集》(七卷本)出版之后的近二十年,不少专家纷纷表示发现丰子恺的佚文。然而,这些都远远不够。其实,丰子恺的文字、漫画作品散佚得很严重。这个情况直到最近几年因为《丰子恺全集》工作的启动,才真正引起重视,并且开始较为广泛地扩大丰子恺佚文的搜集。由于《丰子恺全集》工作的正式启动,丰一吟将多年收集的丰子恺佚文交到我社,我们委托陈建军教授整理。得此契机,陈建军教授也发现了一些丰子恺的佚文、书信、日记等从未公开的资料。二〇一一年至二〇一二年,吴浩然老师陆续将收集到的丰子恺漫画寄给我们。在两位学者的工作支持之下,我们觉得很有必要在《丰子恺全集》出版之前,适度呈现丰子恺佚文,并再次原汁原味地呈现丰子恺的漫画集。于是,二〇一三年初开始,我社开始有计划地推出"缘缘堂书丛"(十六种)、"影印版丰子恺漫画集"(三十二种)、"丰子恺散文精品集"(八种)、"丰子恺谈艺录"(二十种)等大型套系。截至目前,"缘缘堂书丛""影印版丰子恺漫画集""丰子恺散文精品集"共计五十六种全部出版完毕,"丰子恺谈艺录"的首二种《音乐与人生》《绘画与文学》也正在付印之中,预计二〇一五年上半年出齐。

"缘缘堂书丛"的主编陈建军教授在《前言》中说:"本丛书以丰陈宝、丰一吟合编的七卷本《丰子恺文集》(浙江文艺出版社、浙江教育出版社,一九九二年版)为排印底本,并参照原刊本或初版本,对其中个别明显的误植、别字等做了订正。此外,本丛书在整理、编辑的过程中,还充分吸收了近二十年来的研究成果,根据丰一吟先生所提供的资料和其他研究者的发现,增添了《丰子恺自述》《个人计划》《平生自序》《我写文章的一些经验》《检查我的思想》《行路易》《〈弥陀经〉序言》《〈大乘起信论新释〉译者小序》等数十篇丰子恺集外佚文、佚诗和上百通佚简。"这套书最突出的学术价值还在于"首次在《子恺日记》中,收入丰子恺一九四〇年的两万字日记"。

目前市场上,已经有不少丰子恺漫画的版本同时面世。为了体现丰子恺漫画的艺术真味,原汁原味地将丰子恺漫画艺术展现给读者,体现我们的个性和优越之处,我们将丰子恺生前自己编定的漫画集,直接拿当年的原书来制版,于是形成了海豚社版、吴浩然主编的"影印版丰子恺漫画集"。这套书的画面质量高于市面上各种互相抄袭的版本,影印的方式也可以让读者能够全景式回望丰子恺的漫画世界。这套书是目前收录丰子恺漫画作品最有特色和收藏价值的一套漫画集,共达三千多幅,占了丰子恺全部美术作品的百分之七十以上,是丰子恺的主要漫画作品,也反映出了丰子恺的主要漫画成就。

二〇一三年春,我们正式请杭州师范大学弘一法师·丰子恺研究中心主任陈星教授担任《丰子恺全集》主编,他又邀请研究中心的研究员刘晨担任艺术理论卷的分卷主编。经过一年多的辛苦工作,刘晨终于将艺术理论卷整理完毕,同时率先将丰子恺散佚的艺术随笔交到我社。我们将这些艺术随笔与陈建军教授发现的佚文,编成两厚册《缘缘堂集外佚文》(二〇一四年五月版)。这是目前为止,最大规模地呈现丰子恺集外佚文的著作,在《丰子恺全集》出版之前,代表了丰子恺作品整理的最新成就。

俞晓群社长最近发表了一篇名为《版本》的文章,对我启发很大。一个出版人能否成为出版家,其重要标志在于他是不是一位杰出的版本专家。其实,一直以来我对于这一点十分赞成。目前,中国的出版已经在严重破坏讲究版本的良好传统,粗制滥造的编选、简单低级的拼凑甚至是避免版权的仿写,像癌细胞一样在整个出版界蔓延,一再突破作为称职的出版人的底线。其根源就在于缺乏版本意识。我社重出《影印版丰子恺漫画集》《丰子恺散文精品集》《丰子恺谈艺录》等都有浓厚的版本意识,以这次重出的《丰子恺散文精品集》为例,就体现了我们的版本追求。除了以上提到的两册"集外佚文"是特色外,尊重初版本、尊重作者目录手稿、突出单行本的特色也得到了很好的体现。丰子恺的散文生前以"缘缘堂随笔"著称,但以此名义问世的只有《缘缘堂随笔》《缘缘堂续笔》。作者晚年手订《缘缘堂再笔》《缘缘堂新笔》的目录,但从未出过单行本。我们这次就根据手稿目录,第一次推出了单行本,可见我们对版本的无比重视。

以上作为呈现《丰子恺全集》整理工作的阶段性成果，也受到了海外的关注。因为丰子恺不仅是中国的，也是世界的。丰子恺的《缘缘堂随笔》早在二十世纪三十年代就已经译介到了国外。一九五六年，中国外文局外文出版社（海豚出版社以前就是外文出版社专出少儿书的副牌社）以英、德、波兰三种外文出版《丰子恺儿童漫画》。此为丰子恺漫画由我国出版的最早的外文版，丰子恺的儿童漫画艺术由此走向了世界各地。当时，丰子恺的作品又传播到了我国台湾、香港等华人世界，在海内外产生了广泛的影响。我社开发出版丰子恺的作品，也是丰子恺作品版权输出的过程。像《丰子恺儿童漫画选集》《丰子恺儿童文学全集》"缘缘堂书丛"等都纷纷向港台输出了版权。在今年的意大利博洛尼亚国际童书书展、北京国际书展上，"影印版丰子恺漫画集""缘缘堂书丛"又受到了中国香港、中国台湾，尤其是日本、韩国、泰国等国家的重视，有了初步引进版权的意向，正在落实之中（例如日本侨报社已引进我社《丰子恺儿童文学全集》）。甚至一些欧美国家也纷纷加入版权洽谈，给了我们极大的信心。

《丰子恺全集》的整理与出版

虽然丰一吟、吴浩然、陈建军在二〇一一至二〇一二年即已开始《丰子恺全集》的文献搜集和整理工作，至二〇一二年底且已大致完成了美术卷、文学卷的整理工作，陈建军还同时初步完成了书信日记卷的整理工作（这些成果后收于二〇一三年版"缘缘堂书丛"里的《子恺书信》

《子恺日记》等书)。但《丰子恺全集》编委会的最终成立却在二〇一三年一月。为了便于读者知道《丰子恺全集》的成书过程,我谨将《丰子恺全集》的编辑会议工作简述如下:

二〇一三年一月十七日,俞晓群社长亲赴上海,邀请陈子善、郑在勇、陈星、陈建军、吴浩然、杨子耘等人召开"《丰子恺全集》筹备会"。会上最终决定由丰一吟、陈子善担任《丰子恺全集》的顾问,陈星担任主编,陈建军为文学卷主编、吴浩然为美术卷主编、杨子耘为译文卷主编、宋雪君为日记书信卷主编,艺术理论卷待定。至此,《丰子恺全集》编委会大致成形。

二〇一三年三月三十一日,《丰子恺全集》编委会在杭州召开第一次会议。会上,海豚出版社社长助理李忠孝与杭州师范大学弘一大师·丰子恺研究中心主任陈星签署了"《丰子恺全集》整理与出版合作协议",并安排了历次编委会召开的大致时间和工作进度,进一步明确了《丰子恺全集》的出版内容、编委人员。此次会议确定了刘晨担任艺术理论卷的分卷主编,杨子耘、宋雪君为日记书信卷主编,朱显因、叶瑜荪作为编委协助丰子恺后人整理书信、日记。因浙江某社已出版《丰子恺译文全集》,《丰子恺全集》考虑不予收录译作。

二〇一三年七月二十三日,《丰子恺全集》编委会在杭州召开第二次编辑工作会议,会议进行了一整天。与会学者一起讨论了《丰子恺全集》的凡例、分卷、注释、底本等相关问题。不久,国家新闻出版总署公布《丰子恺全集》纳入国家"十二五"出版规划的增补项目。

二〇一三年十二月二十八日,《丰子恺全集》编委会在杭州召开定稿工作会议。《丰子恺全集》顾问陈子善、主编陈星及各分卷主编陈建军、吴浩然、刘晨、宋雪君、杨朝婴等出席会议。与会方提交了各自的书稿,供各方探讨,并进一步深入讨论了凡例、分卷、注释、底本、用字、标点等相关细节问题。陈星主编听取各编委意见后,就书信、漫画的收录原则进行了确定。

二〇一四年四月十八日,在主编陈星及各分卷主编一年多的研究和筹备下,《丰子恺全集》编委会在杭州召开了专家审稿工作会议,聘请了来自北京大学等高校具有全集编纂经验的专家对稿件进行了审读,专家从学术、编辑出版等多方面对稿件提出了意见和建议。陈星主编根据各分卷的具体情况,对文学卷和书信卷注释规范提出了统一要求,对美术卷中丰子恺作品的收录原则做了进一步说明,并对遗漏作品进行了目录补充。会议最后,我社与编委会共同商定了全集的出版计划,并对装帧设计进行了初步探讨。

二〇一四年七月二十八日,《丰子恺全集》编委会在杭州召开交稿工作会议。此后半月内,《丰子恺全集》编委会陆续将书稿的民国原始资料复印件、电子版书稿、图片书稿等全部交到我社。我社立即组织编辑力量、美编力量,在郑在勇老师的指导下,开始紧张的校对、版式设计和审稿工作。

根据编委会的交稿情况看,《丰子恺全集》分为文学卷、艺术理论卷、书信卷、日记卷、美术卷、附卷(索引、年谱)等六大部分。据电脑统计,文学卷约一百万字、艺术理论卷约两百五十万字、书信卷约二十五万字、日记卷约十万字、附卷约三十五万字，总计四百二十万字（其中佚作近百万字，此前未收入浙版《丰子恺文集》），美术卷收画作约六千幅。我们准备在丰子恺逝世四十周年的二〇一五年，将这部学术质量极高的全集以最佳的方式转化为出版物呈现给读者们。

《丰子恺全集》的整理工作历时四年，对于专家们而言准备工作却在多年以前。例如陈星主编研究丰子恺已达三十年，吴浩然搜集丰子恺著作的原刊本在十年以上。其他各位编委也都训练有素，准备充分。所以，这四年编委们主要做了详细的校录、查缺补漏、互通有无等工作。作为《丰子恺全集》的责编，我能够全程参与，受到了学术上的训练，感到无比的荣幸。

正当笔者受陈星主编委托撰写责编手记之后数日，正在写作之中，又接俞晓群社长消息：《丰子恺全集》已纳入二〇一五年度国家出版基金资助项目。其实，我想无论申报结果如何，以他这样的"丰子恺迷"也一定会在今年推出的。我有幸陪同俞社长一起"五年梦寻丰子恺"，受到了一次出版工作的训练，感到无比的荣幸！

二〇一五年一月

关于许君远

许君远(一九〇二—一九六二),河北安国人。现代作家、著名报人、翻译家。一九二八年毕业于北京大学英国文学系,与废名、梁遇春、石民、张友松等同学。二三十年代,在北平文艺界较为活跃,经常在《现代评论》《新月》《北平晨报》《华北日报》等发表小说、散文、文艺杂谈,深得丁西林、陈西滢、杨振声、沈从文等人赏识,被一些文学史家称为"京派代表人物"。后转入报界,深得张琴南、陈博生、张季鸾、胡政之等赏识、提携,先后在北平《晨报》、天津《庸报》、《大公报》《文汇报》《中央日报》等担任编辑、编辑主任、副总编辑,为《大公报》第二代中高层决策者之一,也是中国自由主义知识分子代表。一度在北平中国大学、上海新闻学校、暨南大学担任讲师、教授。一九四五年曾以《益世报》特派员身份参加联合国成立大会。一九四六年至一九五三年,担任上海《大公报》编辑主任、资料组长。一九五三年后在上海四联出版社、

许君远

文化出版社、新文艺出版社担任编辑室副主任等职。著有小说集《消逝的春光》、散文集《美游心影》,译有《斯托沙里农庄》《老古玩店》等。主要作品后人辑为《许君远文集》(许乃玲编)、《许君远译文集》(许杏林、许乃玲编)、《许君远文存》(眉睫编)等。

许君远因他的兴趣爱好、知识背景和人生历程,而成为一个作家、报人和翻译家。在这三个方面,他都堪称自成一家。只不过,当作家是他的梦想,当报人是他的工作,而当翻译家是他的业余爱好。

作为作家的许君远,生前出版有小说集《消逝的春光》和散文集《美游心影》等。《消逝的春光》里的小说大多具有乡土味,反映故乡的人情、风物,极具新文学草创时期的某些深厚、朴素的味道。《美游心影》既有普通游记的艺术感,又融入了一个中国记者的观感,非常具有"通讯"的特色。同时,许君远还有不少抒情散文、游记小品,也自具一格,颇可一读。此外,许君远还有一些散文非常接近"梁遇春体",很见他的性格、情趣。

作为报人的许君远,曾写有大量"特写""时评""通讯"等。可以说,撰写这些文章是他的本职工作。遗憾的是,许君远的这类文章,终其一生不曾结集出版。这对一个报人来说,恐怕是件遗憾的事。而许君远对他的一些新闻作品还颇为自得,他曾说:"我采访表面上的社会新闻,并访问一些学术与慈善机关,写为报告式的'白描'。最初原是一种试验,不意《世界日报》《小实报》也竞起模仿。在抗战军兴以前,'特写'文章遂蔚成风气,始作俑者应该是我。"因此,收集许君远的"特写""时评""通讯"

等，结成《许君远新闻作品集》出版，或许也不无是一件有意义的工作。

作为翻译家的许君远，至少翻译出版了四种著作：《印度政治领袖列传》（内中甘地、尼赫鲁的传记系许君远个人创作）、《斯托沙里农庄》《老古玩店》《莎士比亚戏剧故事》，都曾风行一时，广为流传。其中，《老古玩店》影响最为巨大，版本也最多，至今仍在印行。目前，还有学者专门写论文研究《老古玩店》的翻译特色和影响，可以说此书洵为经典译作。《斯托沙里农庄》（原版为竖排繁体本）经由笔者整理，易名为《北斗星村》，列入"中外百部儿童文学经典系列"，即将在湖北教育出版社出版。此外，许君远还有不少单篇或短篇的翻译作品，已由许君远之女许乃玲整理成《许君远译文集》（内容较为齐全）。一九四九年以后，许君远的散文、小说以及新闻作品，都不曾出版或再版，然而他的翻译家身份，以及他的翻译作品却在翻译界留传了下来。于他而言，这是他的初衷吗？或者说是一件幸事吗？

以上或许属于编者"自话自说"。且从其他方面来让读者了解许君远其人其文。

一九二九年春至夏，许君远在河北省立第十师范（通县师范）担任教员，时张中行在该校读书。后来，张中行在《流年碎影》中回忆说："他是英文教员，名汝骥，安国县人。我没听过他的课，可是印象却不浅。来由还不少。其一，他长得清秀，风度翩翩，一见必惊为罕有的才子。其二，据说他写过小说出版，是鲁迅给他写的序。其三，他由南国北返，途经某地，与一妙龄比丘尼相悦，有情人竟成为眷属。还可以加个其四,是不久前听唐宝鑫同学说的,是他上课,不知怎么就扯到《西厢记》第四本第二折的'看时节只见鞋底尖儿瘦',念完,他让台下同学想象这鞋底尖儿瘦的形状,然后写真式地画出来。更有意思的是他也不甘寂寞,拿起粉笔,在黑板上也画一对。这是讲课的浪漫主义,我幸或不幸,没有听到看到,如果听到看到,以后进京入红楼,上林公铎的唐诗课,听讲陶渊明,就不会感到奇怪了吧?"

对于许君远的文学成就,有无大作家进行评定呢?且看一例。一九三五年十一月,沈从文作《读〈中国新文学大系〉——并介绍〈诗刊〉》一文,为许君远等漏选进《中国新文学大系》鸣不平,文中说:"鲁迅选北京方面的作品,似乎因为问题比较复杂了一点,取舍之间不尽合理(王统照、许君远、项拙、胡崇轩、姜公伟、于成泽、闻国新几个人作品的遗落,狂飙社几个人作品的加入,以及把沉钟社、莽原社实在成绩估价极高,皆与印行这套书籍的本意稍稍不合)。"可见,当时许君远的文学成就,在鲁迅等人看来还不能跻身"新文学大系",但沈从文认为他达到了这样的层次。

不过,说许君远是作家,是报人,是翻译家,并不能概括其人。从许君远的整个一生来看,他是一个自由主义知识分子。而且,他在各种知识分子群体当中,是一个比较耐人寻味的人物。他不是一个革命斗争型的知识分子(虽然,他也有过一些抨击社会的激烈举动),也不是一个消极避世或纯粹兴趣主义的知识分子。因此,他不是很显露,也不是很保守。他的存在,可以说是自身影响力不够，也可以认为是当时的许多知识分子，采取的一种较为一般人理解、接受的存在方式。对于自己的人生和所处时代的不断变化，许君远有着非常清醒的认识。他曾两次写自传，一次是在相对比较自由的时代，一次是在思想禁锢的非正常时代。

一九四七年，许君远发表自传之一章《糊里糊涂地进了新闻界》，文中说："《晨报》是我的启蒙学校，《大公报》是我的研究院，……假定我不走这条路子，官场的逢迎丑态也许早把我窒息死，假定我不进《大公报》，则抗战期间留居故都，也许做了很煊赫的伪新闻官，今天也许被判十年八年的徒刑。便是不做伪官，也许走了李子揚兄的后尘，抱病故都，同愁苦奋斗而死。"

一九五六年，许君远又在一份上交的"自传"材料中回忆道："在北大读英国文学，成天钻在'象牙之塔'里读小说，写小说，只想成作家，做教授，除了文学以外，不知道还有另外的天地，这便是我忽视政治的原因。便是在报馆，我还是'兴趣主义'，总是注意有刺激性的社会新闻，忽视关键性的政治新闻。……一九四六年我重回《大公报》任编辑主任，因为当时恐怖笼罩上海，我对许多进步分子总是特别照顾（如方蒙），对潜伏的特务分子则竭力主张开除。不过我这种正义感是盲目的，只是不满现状的一种表现方式而已。而我本人由于不关心政治，总是站在中间偏左（《大公报》路线）的地位上面。这种政治态度，受胡政之、张季鸾的影响最深。我是研究文学的，对政治不够关心。但也正是我不屑在国民党腐败统治下营谋职位的原因。"

——这是他作为一个自由主义知识分子最真诚、最具自知之明的总结。如果联系思考当时所谓左与右的选择、斗争，许君远的坦白是非常耐人寻味的。可以说，他真诚地说出了许多知识分子没有说出的真话。他没有刻意标榜自己，多么激进，多么"左"；也没有刻意"矮化"自己，多么"反动"，多么"保守"。当然，许君远在一九四九年之后，便立即写文章歌颂共产党，歌颂新社会，抨击资本主义制度和文明，这是他自觉、自然地"适应"新时代。

许君远在一九四九年之后便开始自觉、自然地适应新时代，但是如同大多数知识分子一样，总还是有一些不适应感，终于在一九五七年"大鸣大放"中被"引蛇出洞"，表示向往"自由"，向往一九四九年以前的《大公报》，对目前的新闻管制环境有不满。很快，许君远被《人民日报》称为"右派急先锋"。此后他日渐消沉、落寞，但他的内心对时代的认识是清楚的，这从他临死前写的回忆故乡人和事的《故乡》中可以看出来。当然，这也不过是他在遭受扭曲时代的打击之后，所表现出来的一部分尚未泯灭的真诚、自然的人性，并不是说他作为一个知识分子有多么伟大、崇高，能够逃脱时代的牢笼。

在当下的民国文人研究中，经常出现刻意拔高、刻意遮蔽一些知识分子缺陷的现象。许多研究者还因为刻意拔高，而对他的研究对象为什么在一九四八年之后迅速倒向新政权表示不解，进而怀疑现代知识分子的精神品格。刻意遮蔽、丑化，也是经常的事。如果我们了解了许君远的人和文，尤其是结合他的许多自白文字，我相信人们会对知识分子这个群体，以及这个群体与时代的关系有新的启发，尤其对当时左与右的选择、斗争，有更客观的认识吧！

许君远终其一生，是一个善良、正直、勤奋的自由主义知识分子。虽然他没有磅礴的思想、一流的文学作品和能够藏之名山的学术著作，但是他作为跨几个时代的知识分子，对关于知识分子与时代的关系说出许多真诚的见解，也能启发我们以新的视角、定位思索有关知识分子与时代的话题。而且，许君远还是有一定的挖掘价值的，至少可以为现代文学研究、现代报刊史研究、现代知识分子研究补充一些新史料。

作于二〇〇九年

许君远的北大记忆

今年是北大一百一十周年纪念日,一直很想写点什么。我虽不是北大人,却心向往之。近读许君远先生(一九〇二——一九六二)的《我怎样投考北大》《记北大的教授群》《写作二十年》等文,都是回忆"五四"时期的北大。这些回忆文章发表于一九四七年的《人人周报》(许君远的大学同学万梅子主编),由于其人早已名没不彰,这类小报又难以寻觅,所以这些文章到了今天已经无多少人问津了(《许君远文集》亦不曾收录),但它们提供了许多鲜为人知的史料,读来甚是有趣。

在《我怎样投考北大》(原载上海《人人周报》一九四七年一卷一期)一文中,许君远先生回忆了一九二二年考北大的国文、英文试题以及当年的报考录取等情况:

等到认真到北大报名，检查体格，参加考试的时候，对着那一簇簇华贵的建筑，突然改变了观念。那次报名总数一千三百多人，听说只取二百，面对着"一对六"的困难，又骤兴临渊履冰之惧……国文试题作文是《五四运动的意义》，另附一段《水经注》原文，加上新式标点，并注解几个词句……英文有翻译、文法分析，其中汉译英有一句"考试好像一个比赛"……到发榜那一天，心情忐忑着跳到沙滩红楼，仰着头，看完三分之二的纸面还没见到自己的名字，急的大汗直流。原来榜是依着报名先后而写的，我在最后一天报名，自然不会高列前茅了。录取全额仿佛是二百一十二人。现在社会上活动的韩权华、徐阎瑞、傅启学、夏涛声（葵如）、张友松（鹏）、尚钺、王寅生、钟作猷、废名（冯文炳）、万梅子（斑）、李春昱等都是"同年"。已有名气而不幸死亡的则有萧忠贞、巫启圣、梁遇春等。预科先在北河沿第三院上课，后来又迁入沙滩红楼。本科我考入英文系，于是在红楼里读了五年之久。

据笔者所知，一九四一年逝世的象征派诗人、翻译家石民也是他们的"同年"，他还与梁遇春同寝室呢！

在《记北大的教授群》（原载《人人周报》一九四七年一卷五期）中，许君远将当年北大教授们的讲课情况做了非常生动的回忆：

林公铎在课室中往往是骂人多于讲学，每当酒后耳热，把马褂脱下，挽起袖子大说某人的见解并不行，某人的学识浅陋的时候，真令听者宛然如坐在戏馆里听说书，一点儿也不感觉厌倦。

在预科我就旁听过崔适。那时他就已经七十多岁了，入课室必须有人搀扶。我对经史的素养太浅，尤其是他那一口南方口音使我听起来吃力，上了几个月的课毫无心得。同时选他的课的人数也不多，大概都是因为畏惧其艰深之故。

此外我还选过张凤举的《文学概论》，他把中西文学融会贯通的编为讲义，给了我很多的灵感……沈兼士、沈尹默、钱玄同、朱希祖的课我都听过，因为太专门，浅尝辄止，不敢抱学分的奢望。鲁迅的小说史我倒不曾缺过课，实际他在课堂上同林公铎犯了同样的毛病，批评时事多于就书本的正面发挥，而其引人入胜则在其诙谐。

英文系的教员最初有张歆海、陈源、温源宁、赵太侔，后来又有徐志摩、叶公超、林语堂。陈通伯博览群书，他的英文小说给我的影响极大……张歆海讲英国文学史，但不到一年他便走入仕途。温源宁担任过系主任，他的英文修养够格，他讲过文学史、莎士比亚、英国现代小说。赵太侔在北大时期很短，我上过他的戏剧，他走了以后，课程由一位英国教授毕善功接替。徐志摩讲英文诗，因为他同时主编晨报副刊，叫座率非常强。叶公超担任英文写作和英国短篇小说。

许君远的"同年"中，在文学史上留下了名字的有石民、废名、梁遇春等，其余张友松、尚钺等也稍稍知名。

然而，石民、废名、梁遇春在北大的时候，并没有多少交往，因他们自身都有梁遇春所自况的"不随和的癖气"，况且在他们的学生时代，把主要时间精力都放到阅读、写作上去了，处于"潜伏发展期"。石民在《〈泪与笑〉序》中竟说自己虽和梁遇春同寝室而多年未说过一句话，冯至也在《谈梁遇春》中有过类似的回忆，而对于他们早年在北大情况很少有文字见载。这样看来，许君远的上述回忆就显得弥足珍贵了。顺带在此提一笔逸闻：许君远在《谈梁遇春》一文中曾专门回忆说梁遇春与一江姓男子搞"同性恋"。有兴趣的读者不妨去翻阅《许君远文集》（百花文艺出版社，二〇〇七年六月版）。

在《写作二十年》（原载《人人周报》一九四七年一卷六期）中，许君远用春秋笔法回忆了自己的文学历程，大约也是那一时期北大学生投稿心态与经历的真实反映吧！其中小小短章如《孙伏老堆稿积土》《现代评论斗语丝》《博学钦佩陈西滢》《五福楼师友之会》尤其可观。最值得注意的是《孙伏老堆稿积土》中写道：

> 到了北大，发表欲望更增强了，那时晨报副刊正受着万千青年的拥护，我一心一意地想在那里出风头。不幸孙伏园老头子选稿很严（后来在重庆《中央日报》和他同事，才知道他根本不大选稿，千万篇的书件都堆在桌子上，尘土厚积，我数次代投稿人向他请命，毫无效果）……石沉大海，此后便再无问津的勇气了（以后我提到这件事，他只是眯着眼睛笑）。

这段记忆透露了当年孙伏园因稿件太多而难以处置的窘境，因此大多数来稿石沉大海。一九二二年至一九二四年的时候，也有强烈发表欲望的沈从文给《晨报》副刊进行了大量投稿，可惜均无发表，直至孙伏园离开《晨报》由徐志摩接任副刊编辑，因其认识徐志摩稿件才不致遭埋没而屡有刊登的机会。笔者最关心的倒是面对同一情形，许君远与沈从文对此有了不同的心态与做法。许君远是"此后便再无问津的勇气了"，对孙伏园并无怨言，以大度心态处之，此后因同事关系问及此事而更加理解孙伏园，这在二人之间仿佛还成了一段趣事；而沈从文则不然，多次在文章中对孙伏园表示不满，怀疑孙伏园将稿件胡乱丢进垃圾桶，甚至讥刺其后不搞文学而做县长，至今许多沈从文研究者也因此替沈从文打抱不平，对孙伏园意见颇大。今观《孙伏老堆稿积土》，我们或许由此可以知道一些内在信息，对沈、孙之事似乎也有更多理解了。

作于二〇〇八年八月十二日

许君远二题

笔者在整理《许君远文存》一书时，发现许君远作为一个自由主义知识分子，有可贵的精神品格。他的一些回忆和经历，可为中国自由主义知识分子的研究提供一些新的史料，特辑为《许君远二题》，望方家有以教我。

许君远与王芸生

三年内战期间，王芸生为《大公报》总编辑，许君远为上海版《大公报》编辑主任。一九四九年六月十七日（《大公报》总经理胡政之逝世后两月），王芸生在上海版《大公报》发表《〈大公报〉新生宣言》。这彻底表明《大公报》放弃自由主义立场，甚至在宣言中自称"《大公报》基本是官僚资产阶级的"。那么，《大公报》是怎样从一九四八年的中间立场突然转变了呢？目前的学者普遍承认，这与王芸生的转变有极大关系。

吴廷俊先生在《新记〈大公报〉史稿》一书中有过细致的剖析。基本观点是：一九四八年夏之后，王芸生遭受共产党和国民党的双面夹击，"坐卧不安，陷入了深深的苦闷、犹豫和彷徨之中"，旋经本为中共地下党员的《大公报》骨干人员杨刚、李纯青的"交谈"，"王芸生听后，十分感动，他感谢共产党不计前嫌，随即表示：'甘愿接受共产党的领导，包括我本人和我能代表的《大公报》'"。一个著名的自由主义报人，就这样在短短的几次"交流"中放弃了自己的信仰和立场。很快地，《大公报》董事长吴鼎昌在当年年底宣布辞去董事长一职，而王芸生则于当年十一月五日悄悄离开上海。半年后，《大公报》就宣布了"新生"，这也说明此时的《大公报》已经在共产党的控制之下了。

那么，王芸生是否真的有过"苦闷、犹豫和彷徨"？他又为何选择悄悄地离开《大公报》、借助共产党的力量的方式促成《大公报》新生呢？为什么没有采用鼓动大家共同转变立场的方式？许君远在他的《自传》（现已收入《读书与怀人——许君远文存》，眉睫、许乃玲编，中国长安出版社，二〇一〇年七月版）中对王芸生其人和《大公报》新生的情况有过回忆，或许能为以上谜题添加点材料。他说：

一九四七年，国民党制造的北塔山事件，全国各报都登在要闻版第一条，我既未受到国民党新闻机关的暗示，也不曾唤到它有什么重要，就当作一件普通消息处理。第二天国民党特务包围《大公报》编辑部，辱骂了半天，还在墙壁上写了斗大的"大公不公，正义不存"八个字，王芸生把我找去，痛责我失职。这本是我无心造成的"错误"，却替《大公报》增加了一个"罪状"。王芸生政治嗅觉比我灵敏，因此他的顾虑也比我多。他一心向上爬，我也没有这一套想法。一九四八年，上海形势不稳，国民党加紧统治，王芸生、萧乾、潘际坰等都投机逃往香港，把报馆的编辑交给我，我就当作无啥希奇地承担下来。等到上海解放，王芸生一班都以接收大员的姿态返沪，占据了极重要的地位，而把我贬入"冷宫"（资料室），我自然怂怂不平。因为我觉得在思想上，我和他们没有什么不一致，甚至有些问题，我比王芸生还要"自由"。

以上短短的一段回忆，说明了"王芸生政治嗅觉灵敏"，能够洞察时代走向，那么他真的"苦闷、犹豫和彷徨"了吗？在《读书与怀人——许君远文存》一书中，许君远对大多数大公报人都有正面的回忆，而唯独王芸生除以上一处之外，并无提及，这是耐人寻味的。

许君远是怎样成为"右派"的

笔者最近在整理民国时期《大公报》编辑主任、《中央日报》副总编辑许君远的资料，包括他成为"右派"的经过。现在，这些材料大都已编入《读书与怀人——许君远文存》一书。许君远成为"右派"的经历，或许能为"反右"的研究提供一些个案的信息，何况他与民国著名报人徐铸成、陆诒被定为上海新闻出版系统"三大右派"，应该有研究的必要。

许君远在一九五七年五月二十一日的《文汇报》上发表《报纸应该这样干下去吗》一文中说:"去年秋天,中国人民大学新闻系几位同志到上海搜集教材,和我谈了一些有关新闻业务的问题。我把过去的经历讲了一些,又把当时我与新华社上海分社一位记者会见的情形谈了谈。他们叫我把那次会见写成短文,送《新闻与出版》刊登。文章的题目是《我受了一次审》。我的主要意图是想说明记者培养之难,一个记者要常识丰富,要熟悉业务,要具备采访风度。不久我就接到人民大学来信,说我的文章引起了强烈的反应,他们预备一一发表。"

可见,许君远在一九五六年秋以后,就开始在报刊上"鸣放"。这年的四月二十五日、五月二十一日,许君远分别在上海出版系统座谈会、上海市委宣传部会议上公开表达了对新闻管制、不受重视等问题的不满。他说:

> 编辑人员都是调来的,不是考的。出版处调来,出版社领导没有权考虑没有时间考虑能不能用。就是考虑亦只是政治上的问题,对专业知识方面不了解。……上海出版通俗读物的"野草闲花"这对群众没有害处,亦是精神食粮,是人民需要的。……编辑部与经理部有矛盾。多插了图,排得稀一点是浪费,《明清故事选》一书翻开来,上面是内容提要,下面是目录,行距那么密,多难看,这叫节约吗?……为什么我们这班有专业知识的出版工作者就应该不受社会重视,不受作家尊敬,也不蒙政府垂青呢?长此以往,势必造成人人视编辑为畏途,不敢问津尝试。

其结果出版社徒存空名，出版物的质量将大受影响。……有一些编辑同志还是硬搬教条，强调政治意义，一碰到男女关系就不敢大胆放手，对于一夫多妻的故事，总是设法删改，使之符合"婚姻法"的原则。对于谈情说爱的描写，更是畏之如蛇蝎，好象男女不应该恋爱，只凭领导安排就是。这对读者起什么教育作用呢？……我们这个出版社没有宗派主义倾向，倒是向作家开着大门，不像作协对我们大门禁闭。

同时，许君远还在《报纸应该这样干下去吗》中说：

毛主席的报告给了我很大的启发。阅报看见中共上海市委宣传部四日邀请本市各报社、电台和通讯社编辑，座谈当前新闻工作中存在的问题，心中极为感奋。就算是"外行"的话吧，觉得"鸣"出来还是比闷在肚里好些。……解放后的报纸只愿说教，忽视趣味，而趣味正是中国报纸的一种优良传统。……大部分的党报还在摆着"党员面孔"，没有笑容，难道这就是党报必备的风格吗？……凭我局外人的看法，我感到解放后报馆机关化，新闻从业员与一般机关干部没有什么差别。大家例行公事一番，消息不必竞赛，版面不必改进。

让"感奋"的知识分子意想不到的是，"大鸣大放"戛然而止。一九五七年七月二十四日，《人民日报》发表《右派急先锋许君远诡计多端，妄图篡夺新闻出版事业的领导权》一文。很快地，许君远与徐铸成、陆诒被定为上海新闻出版系统"三大右派",全国对他们开始了"围剿",并尽力将他们与所谓胡风分子挂钩。同年,中国人民大学新闻系汇编出版了《批判出版界右派言论的参考资料》一书,便收入了许君远以上的许多言论。那么,我们如何看待中国人民大学新闻系于一九五六年秋鼓励他"鸣放"呢?

可悲的是,许君远之女许乃妍教授最近在《报人、作家、翻译家许君远》(原载《新民晚报》二〇一〇年六月十三日)一文中回忆说:"在'反右'前,他曾被中国人民大学新闻系邀请担当系主任与授课,只是'反右斗争'风云骤起,未能成行而作罢。"五十多年过去了,还记得许君远"曾被中国人民大学新闻系邀请担当系主任与授课",并为之未能成行深感遗憾——天真到这个地步,真有些"可笑"复"可悲"了。

被打成"右派"后,许君远的命运如何呢?许乃妍在文中回忆说:"父亲因此被发配到青浦饲养场劳动改造(据有关材料显示,一九六〇年九月许君远还在青浦饲养场劳改),并受到降职降薪处分,工资降八级,后改为降七级,才六十元。一家数口,日子十分难过。三年困难时期,父亲他老人家除了精神压力外,困苦的生活也十分难奈,有时只能靠变卖所存书籍度日。"一九六二年六月,许君远全身瘫痪,并患肺炎,不久于当年九月九日病逝,享年六十岁。

作于二〇〇九年

喻血轮和他的《绮情楼杂记》

喻血轮（一八九二——一九六七），字命三，号允锡，自号绮情楼主，别署皓首匹夫，湖北黄梅人。出身于鄂东著名文学仕宦世家，为乾嘉年间著名性灵派诗人、"光黄一大家"喻文鏊（石农先生）五世孙，也是"中国铁娘子"吴仪的舅舅。光绪末年，入读黄梅八角亭高等小学堂，与吴醒亚等同学。宣统年间，入读黄州府中，开始接触报纸，思想益发激进。武昌起义爆发时，投身学生军。辛亥革命后，入读北京法政学校，不久返回武汉从事新闻宣传工作。初入《国民新报》，后入《汉口中西报》，成为民初新闻界的后起之秀。同时，与鸳鸯蝴蝶派文人多有往来，于民国初年出版十数种哀情小说，或为日记体，或为演义体。一九一七年，曾往苏州等地，与江浙沪一带文人集会、结社，声名日著。一九二一年，担任上海《四民报》总编辑。一九二七年，担任国民革命军第三十七军政治部主任吴醒亚的秘书。北伐时期，在南京与吴醒亚、石信

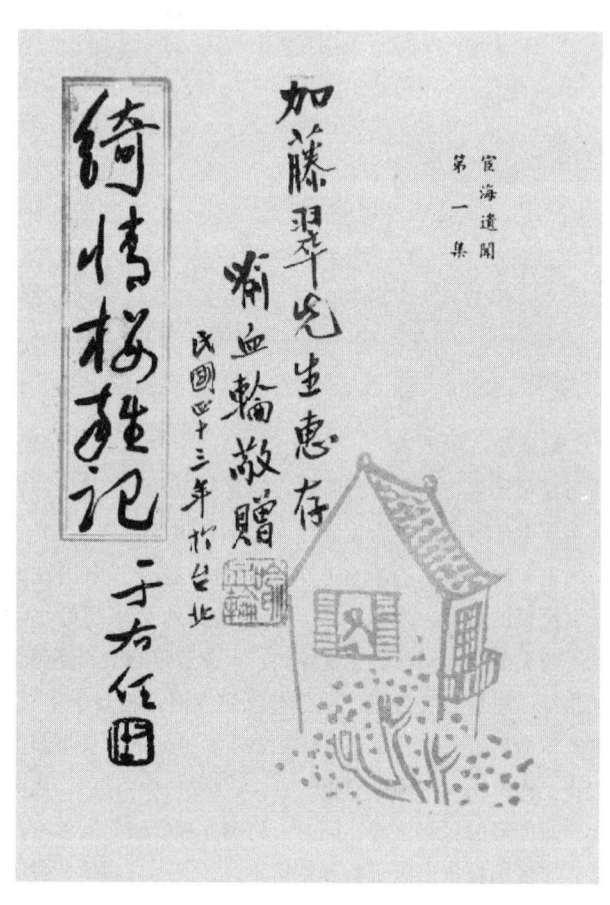

喻血轮《绮情楼杂记》签名本

嘉等创办《京报》，为北伐摇旗呐喊，声誉波及全国新闻界。国民政府成立后，历任安徽民政厅秘书、湖北民政厅秘书、湖北应山县县长、湖北省藕池口征收局局长、湖北《中山日报》总编辑、川陕豫党政考查团秘书、民生机器厂秘书、中央造船公司秘书等职。一九四八年底，携自著《秋月独明室诗文集》赴台。晚年，又开始创作鸳鸯蝴蝶派作品，如《红焰飞蛾》等，并以"绮翁"笔名为《新生报》撰写《绮情楼杂记》，为《大华晚报》撰写《忆梅庵杂记》，为一生所见、所闻之记录。

喻血轮既是近代文学家，又是民国著名报人，同时也有过为官二十载的经历。不过究其本质，应是文人，甚至还有旧式文人的色彩。综观喻血轮的一生，他堪称著名鸳鸯蝴蝶派文学家，也堪称著名报人，但在政坛无甚大的作为，最终也不幸地成为"大时代中的小人物"。作为后世学人，我们所能采摘的不过是他或绚烂，或暗淡的人生中的一些值得怀想和追忆的"花朵"，或许它们能够带着我们走进历史的某一个隐秘的角落。

作为文学家的喻血轮，幼时即随舅、叔辈饱读诗书，古文功底极其深厚。可能由于出身渐趋没落的封建文人世家，且沉溺于古典文学，喻血轮与"五四"新文学不曾发生过关系，而其社会思想也停留于辛亥革命阶段。现今，我们翻阅喻血轮的《林黛玉笔记》（又名《林黛玉日记》）、《西厢记演义》《芸兰泪史》等名著，把它们放到民国初年的近代文坛上，仍然可以看出它们的光华来。甚至，我们还可以从中感受出一个世家子弟在北洋时代的落寞、伤感和彷徨。喻血轮终究没有找到人生的新路，在随后的时代洪流中，既不能与时俱进，又未能充分发挥文学才华，终于渐渐地悄无声息地平淡下去。当然，在今人撰写的近代文学史上，喻血轮仍然占据着重要的位置，被誉为"中国最早的日记体小说家"（《林黛玉日记》和《蕙芳秘密日记》均为近代最早的日记体小说）。他的《芸兰泪史》也被某些文学史家称为与徐枕亚的《玉梨魂》、苏曼殊的《断鸿零雁记》并称的"近代文学的三大名作"。然而，文学家之外的喻血轮却鲜为人知，同时也正因其生平的不为人知，研究鸳鸯蝴蝶派的史家也难以真正深入他的文学世界。

作为报人的喻血轮，本着早年激进的变革思想，参加了辛亥革命。清末时的喻血轮接触报纸应与长兄喻的痴有着相同的经历。喻的痴曾回忆说："先是清光宣间，正《中西报》崭然露其头角于汉上，时予年甫二十，负笈黄州。初不解新闻业为何事，惟感念清政不纲，国势日蹙，年少气盛者，鲜不慨然抱改革之志。蕲春方觉慧、詹大悲，罗田何亚新暨同邑宛思演诸君，同学中富于革命思想之尤者也，俱与予交笃且密。课余暇暑，辄相与共读新闻纸或其他鼓吹革命刊物。寒夜青灯，对床风雨，每感痛国是，未尝不淬厉激昂，互以匹夫兴亡之责相勖勉。而予于报载时论，且选其沉痛激越之作，手录成帙，研讨诵读，是乃予读报之始也。"（喻的痴《我与〈中西报〉》，原载《汉口中西报》"万号纪念刊"）。当时也在黄州府中读书的喻血轮，无疑会受到喻的痴、方觉慧、詹大悲、何亚新、宛思演等革命志士的影响。民国二年（一九一三），喻血轮入《汉口中西报》，扶持该报成为全国第六大报（仅次于京、沪一带的《申报》《新闻报》《大公报》《时报》《时事新报》，自此一直领军华中新闻界）。北伐时期，又在陈立夫的主持下，创办了《京报》，一时成为全国新闻界的瞩目人物。许多关于北伐的消息，均出于该报。或者也正由此，喻血轮最终成为"党国"报人，自此裹足不前，唯党国领袖马首是瞻。现今的报人研究者也仅偶尔提到《汉口中西报》《京报》时期的喻血轮。喻血轮对这两份报纸怀有深情，曾先后写下《我在〈中西报〉十年生活的回忆》《北伐时期之京报》，成为研究《汉口中西报》《京报》的重要文献资料。《汉口中西报》一直标榜"以公理正义为依归，持和平中正之态度"（喻的痴《本报三十年经过大概》，原载《汉口中西报》"八千号纪念刊"），辛亥革命时被付之一炬，后又复刊。辛亥革命前后，《汉口中西报》是全国最著名的报纸之一，许多名文均出于此。喻血轮和他的大哥喻的痴也由此报而留名于中国新闻史上。喻的痴曾在《我与〈中西报〉》中饱含深情地说："颇以予侪业此垂三十年，虽碌碌无所成就，要皆肇基于《中西报》，倘坐视此具有悠久历史之区区基业，一旦隳败，恝然不顾，宁不为天下笑？"因此，喻的痴在三十年代中期购下《汉口中西报》，由总编辑成为主办人，黄梅喻氏与《汉口中西报》的关系更加密切了。另外值得一提的是，二十年代中期喻血轮曾独自主办扬子通讯社，后因军阀干预被迫停办。这也可以说是喻血轮报业生涯中的一个亮点。

作为文职官员的喻血轮，更无所作为，或许他本就无意于为官。一九二六至一九三六年的十年间，喻血轮追随国民党官员吴醒亚，长期担任他的秘书，因之对党国人物、

喻血轮兄长喻的痴像

事件均有所接触或耳闻。吴醒亚死后不久,抗战爆发,喻血轮到处迁徙、辗转,在仕途上并无长进,而在文学上亦无新的成就。历史便是一个大舞台,不是每一个人都能长久地担当主要演员,最终都有沦为"群众演员"的可能。从喻血轮身上,我们或许也可以获得一二启示。

喻血轮赴台后,鸳鸯蝴蝶派在岛内生根落脚,迎来了第二春,他的文学生命似乎也作了一次"回光返照"。他继续撰写《红焰飞蛾》一类通俗小说,迎合当时的台湾文坛风气和大众读者,可以想见喻血轮并不甘于寂寞。然而,时至晚境,再激进的志士也可能终将熄灭内心的火焰——更何况早在北伐之后,就已经开始了平庸的官场生涯的一介文人喻血轮呢?这时,喻血轮提笔撰写《绮情楼杂记》。严格来讲,这不是一部回忆录,而是"志人"体的笔记。

《绮情楼杂记》是一部比较典型的民国文人笔记。全书分三集,内容颇为芜杂,所涉及的人和事以清末至民国年间为主,且以记录名人的言行、诗文为主,风格近似《世说新语》,堪称一部"清末民国人物言行录""辛亥人物志"或"民国版《世说新语》"。此书创作于一九五二至一九五四年间,曾由启明书局于一九五四、一九五五年分集出版。《绮情楼杂记》出版后,喻血轮曾有续作,如一九五九年前后在台北《大华晚报》连载的《忆梅庵杂记》,惜未再结集出版。

一九八三年,台湾文海出版社曾将《绮情楼杂记》第一集,与朱揆初所撰《圜府琐记》合订一册,作为"近代中国史料丛刊续编"(沈云龙主编)第九十六辑、第九百五十八册印行。此后近三十年间，从未再版，仅为少数研究民国史学者知晓，如著名学者钱歌川、李敖等人曾有引录，并对其人其书颇为推崇。由此可见，重新挖掘喻血轮，出版《绮情楼杂记》也有一定的文史价值。

喻血轮出身文学世家，又经历了辛亥革命、北伐时期，同时在报界、官场待了大半生，因此书中涉及的方方面面的人物非常广泛。世家子弟、草莽武夫、报人戏子、文士学者，等等，皆在书中"粉墨登场"，或记言，或记事，或记行，或记诗，都有非常大的史料价值、可读价值。喻血轮在序言中自述："作者青年问世，老而无成，走遍了天涯海角，阅尽了人世沧桑，滥竽报界可二十年，浮沉政海亦二十年，目之所接，耳之所闻，知道了许多遗闻逸事，野史奇谈……近年旅居台湾，孑然一身，每于风雨之夕，想起这些故事，恒觉趣味弥永，值得一记。于是思起一事，即写一段，不论年代，不分次序，不褒贬政事，不臧否人物，惟就事写实……"不过，我们自己翻阅《绮情楼杂记》，倒感觉个中有着很浓厚的野史、逸闻的味道，作者未必真正做到"就事写实"。恐怕读者也只好抱着"姑妄言之姑妄听之"的态度吧！

不妨从书中摘录几节来展现它的可读性。这些史料大多为我们揭开了历史的某个暗角，或者揭示了某个历史人物的另一面。

《辛亥起义遗事》："辛亥八月十九日，武昌起义，人皆知为工程营熊炳坤放第一枪，然促成工程营起义，实为党人梅宝玑。梅为湖北黄梅人，清末任共进会鄂东支部部长，秘密吸收党人，共图革命。八月十七日汉口俄租界宝善里机关爆炸,梅曾在场,面部且受微伤,当晚渡江至武昌,匿阅马厂谘议局秘书长石山俨家。次日武昌大朝街机关破,彭杨刘三烈士就义,梅知事急,亟欲通知各方党人起事。乃于十九日晨,至工程营门前,坐一烤红薯摊贩处,伺工程营兵士出,以秘密信号探索同志,历数次,始获一人,因告以武汉机关被抄及彭杨刘死难各情,其人闻之,大为惊骇,亟问名册是否搜去?梅因欲激动党人,诡称名册已在宝善里搜去(其实当时名册并未搜去),并谓:'武昌城关已闭,瑞澂将按名索捕,营中各同志,如不速自为计,势成瓮中捉鳖。'其人闻语,沉吟久之,曰:'吾将通知营中同志,迅速起事。'是晚,工程营遂首先发难,造成光辉历史。故工程营举义,实梅宝玑报告消息有意促成之。后梅曾膺非常国会议员,抗战期间,在赣以贫病死!"可以说,这是一则十分重要的史料,对于研究武昌起义的产生有着很大的作用,可惜目前学界没有重视。

《卢永祥敬爱文人》:"卢永祥为段系军人之一,自民九至民十三,任浙江督军四五年,其人胸襟开拓,雅重文人,用人行政,亦颇得中和之道,故开府浙江最久,而浙人无攻讦之者。鄂人李继桢(号希愚为国会议员)学识渊博,尤擅文章,下笔淋漓酣畅,如走龙蛇。永祥初督浙时,罗致幕中,优礼有加,凡有政治电文,皆由李主稿。李以体弱不任繁剧,永祥特在沪为赁一寓庐,派两勤务兵侍候,有事则以专车迎至杭州,篝灯商讨,事毕,任其逍遥湖上,或遄返沪滨,从不以细事相累。俸给不以数额拘,随时致送,其礼遇文人,殊非其他军阀所及。民十三,苏浙战起,永祥失败,通电下野,电末有'爱国不敢小事但问俾個人終身福壽理賢注意及\程道中之女東亞現在上海做特別二護士生涯而不惡伊与級蘭曾同學尚有致級蘭一箋希吾韩致如有回信寄"上海莱山路紅十字會醫院（護士部）蒙益壽韩交"專此即詢

文祺

喻 輪白 六其

喻血轮家书手迹

后人，成功何必自我'二语，传诵一时，盖即李手笔也。永祥退沪时，寓市商会，遣人召李至曰：'吾既失败，行将赴日，君垂垂已老，亦宜休息。'言次，出十万元支票一纸与李曰：'戋戋之数，聊助君资斧，幸回鄂小憩，勿复长作羁旅人也。'其时十万元，殊非小数，李持此回汉，略置资产，称小康焉。"喻血轮虽在《绮情楼杂记》中讥讽军阀较多，却也有此等文字，让读者看到北洋将军的另一面。

《绮情楼杂记》还有一点值得注意。喻血轮在书中回忆的人物大多是辛亥革命时期的，余则北洋军阀、党国要员，再次之为报人戏子或文坛名人。喻血轮对辛亥志士都持颂扬的态度，而对北洋军阀多系抨击、讽刺，至于党国要员，则多以诙谐、幽默面貌示人。在根本的立场上，喻血轮是站在国民政府一方的。因此，以上均不难理解，但对于读惯了"红色经典"的读者而言，或许就显得"耳目一新"了。当然，历史的是是非非，只有读者自己去评判，喻血轮也不过真实地记录了一个国民政府文职官员的时代观感。

当然，此书也有一些缺点。比如，一些内容与冯自由的《革命逸史》雷同，我们初步可以判断是作者抄自冯著。《绮情楼杂记》中的《野鸡大王徐敬吾》一节的语句亦多近似《革命逸史》。另外，喻血轮在书中宣扬了一些宿命的观念，这些不过是旧式文人常常玩弄的文字把戏——在今天，善良的读者是不会轻易被这样"糊弄"的。

笔者与喻血轮为同乡，自幼即知《绮情楼杂记》一书，曾多方搜寻，未能一见。后在台湾"国家图书馆"搜到馆藏信息,遂托蔡登山先生代为复印,乃将三集全部予以整理。现付梓在即,特撰此文,作为有关喻血轮和《绮情楼杂记》的一点介绍,望方家给予指教。

作于二〇一〇年

足本《绮情楼杂记》后记

《绮情楼杂记》于辛亥革命一百周年的日子如期推出,成为当年"辛亥主题书"中的骄子,也成为一些读者津津乐道的枕边书(或调侃为姑妄言之姑且听之的"厕中书"亦无不可)。此书出版以后,我收到一百多位读者的来信,也从网上看到了几十上百篇的书评或帖子,董桥、陆灏、俞晓群诸位老师竟然主动撰文推荐,傅国涌老师的未刊序言改成书评也在广泛传播,让我感受到了它的些微影响力。然而,我丝毫没有感到高兴,而是如同芒刺在背般的刺痛。

我觉得我太对不住喻先生了。我不该为喻先生出这样一本让人觉得遗憾的书。这是因为,在给我写信的读者中,除了部分是来交流史料的,其他都是指出此书文字差错的。由于本书封面署名"眉睫整理",无论我如何解释,都是毫无意义的,没有人会相信的。否则,我就成了一个欺世盗名的小人。

《绮情楼杂记》(足本)书影

足本《绮情楼杂记》后记

在此书初印本上市后不久，我就要求出版方必须立即推出二印本，并连连在布衣书局、天涯论坛以及个人博客发布启事，以正视听。四年后，在整理喻血轮夫妇的《芸兰日记》《蕙芳日记》时，我在后记中重提此事：

二〇一一年为辛亥革命一百周年的日子，有家出版社出版了喻血轮的《绮情楼杂记》。我虽为供稿者，并遵嘱写有《编后记》，并附录我之所撰《喻血轮年表》前半部分。但实则此书未经敝人全校，更非敝人所编，出版者凭一己之认识，亦不事先沟通，自行删文、重编。至于署名"眉睫整理"者，与事实出入甚多。此书错谬不少，当收到样书时，我即要求改正重印。在本人强力要求下，终于在首印之后不足两月，出版方又重印一些校正本。但首印本已流入市场，我接书友指谬之信不下十封。区区小书虽不足道，但兹事体大，以免谬误流传，特在此声明。

这是最为公开、正式的一次声明，然而我对喻先生的愧疚从未减轻过。我只能继续通过搜集他的著作，或有关他的文献来表达我对他的虔诚。也正由于我心中的遗憾，自节选本《绮情楼杂记》出版以来，我也从未放下过对足本《绮情楼杂记》的追求与期待。在这几年里，先后有几位出版界的朋友问起过，表达了相当的兴趣。尤其是张业宏兄主持的蜜蜂文库，在推出喻血轮夫妇的《蕙芳日记·芸兰日记》之后，也同意纳入《绮情楼杂记》。然而，由于蜜蜂书店在二〇一五年发生了一次重大变故，不再出书，只好搁浅。

此时，节选本《绮情楼杂记》已经上市快五年了，虽未退出市场，但影响已经日渐式微，我又跟曲梵兄、小北兄提到足本之事。经过我再三软磨硬泡，或许出于市场考虑，又或出于对节选本的愧疚，又或出于对我的合作诚意以及往日的情谊，曲梵兄最终拍板重做《绮情楼杂记》。只是进度有些缓慢，而且自节选本《绮情楼杂记》出版之后，胡杨文化也搬过家，没有及时将原件退还给我，于是原先的复印稿全部丢失。所以虽然动议要出了，我们却拿不出书稿来。此后还是搁置再搁置。而我却给自己几乎下了死命令，二〇一七年喻血轮逝世五十周年，此书必须问世。就在这个关头，罗人智兄找到我，说他所在的浙江大学出版社想再版《绮情楼杂记》。我与罗兄亦相识有年，均为爱书之人，但我又是一个念旧之人，且重乡谊（胡杨文化的创始人胡少卿博士为我乡党，我们两家相隔不到五公里，而身为总经理的曲梵兄又极爱废名，我们因废名而相识近十年），于是我将此情况汇报曲梵兄。曲梵兄当即表示立刻出版足本《绮情楼杂记》。于是我只好对罗兄表达歉意了。

我是一个急性子的人，一听说足本《绮情楼杂记》可以出版了，于是不等友人到台湾"国家图书馆"复印，日夜"蹲守"孔夫子旧书网，或是老天开眼，功夫不负苦心人，我竟很快集齐三卷本《绮情楼杂记》。得睹港台原版，一股暖流在全身上下涌动，如触电般的感觉。于是，我立即着手按照原书目录、次序，归位的归位，补充的补充，又反复仔细校对，并补充了一些注释，终于将足本《绮情楼杂记》的书稿交了出去。唯一需要向读者解释的是，喻血轮为党国报人，是一个忠诚的三民主义信徒，我们对他的个人政治信仰表示尊重，不予评价，但他在书中使用的一些词句，难免被视为"违碍字眼"。我们做了少量的技术性处理，但这无损于"足本"的价值，望读者予以谅解。

自入黄梅一中以来，我矢志研究黄梅历史人物，喻文鏊、废名、喻血轮、汤用彤、邓文滨、王默人、刘任涛等就是其中的重头戏。若以家族而言，则首推黄梅喻氏。十年来，我研究以喻文鏊、喻血轮等为代表的黄梅喻氏文人群，为此耗费了大量的时间、精力和金钱，但我从不后悔，而是乐此不疲，仿佛我此生就是为了给他们续命的，我的人生价值就是建立在他们的文学遗产之上。这种"怀良辰以孤往""蓦然回首，那人却在灯火阑珊处""缥缈孤鸿影"的情境，时时在我心头涌现，有时真的不胜唏嘘：我是怎么活过来的。所以，我特别感念身入大漠而逢绿洲、甘霖之事，这些帮助我的人，就是我生命里的绿洲和甘霖。于我而言，喻血轮的侄孙喻本力先生，就是这样的人，他是我研究黄梅喻氏的学术道路上的福星。在相识的十年中，我们相互砥砺，在精神上相濡以沫，他也为我提供了不少资料。比如，有关喻氏的手迹、照片就极其罕见，他第一次让我见到了喻血轮的真迹，我至今还记得这种触电般的感觉。遗憾的是，我们至今谁都没有发现喻血轮的照片，他是什么模样我们只能通过喻本力保存的喻的痴或喻肖溪的照片来想象了。毕竟，喻的痴是他的大哥，喻肖溪是他的三叔，这是与他最为亲近的人，且是他人生道路上的牵引者。遗憾的是，在我为喻本力先生提供喻血轮的先祖喻文鏊的《考田诗话》《红蕉山馆诗钞》，并嘱他一起参加我与商宏志兄的整理工作之后，他日夜不休，成为主力，后竟伏案而逝，以至于没能见到足本《绮情楼杂记》的出版。他于逝前数日，及时将《红蕉山馆诗钞》全书的电子版给我，成为我心头重重的一块石头。我失去了一位重要的师长和同行者。兹将他提供的有关喻血轮一家的照片资料附于书前，以为永久纪念。此后，黄梅喻氏研究的道路上我就更加孤单了。

一个让人感到兴奋的好消息是，我在《蕙芳日记·芸兰日记》后记中表达的期待快要实现了。我在该后记中说："喻血轮非一凡人，他的才华涵盖小说、诗词、杂记、书法等诸多领域。我想，继《绮情楼杂记》和本书出版以后，假以时日肯定会有人出版《喻血轮全集》的。我将拭目以待！"现在，由我主编、校点的《喻血轮集》已经纳入堪称"鄂版四库全书"的《荆楚文库》里，为国家出版基金项目。《喻血轮集》收入了喻血轮创作于民国时期的能够找到的全部作品。而《绮情楼杂记》为喻血轮在一九四九年以后创作的作品，不在《荆楚文库》的收录范围里，也因此没有命名《喻血轮全集》。但既然足本《绮情楼杂记》现在也要出了，《喻血轮集》就没有多少遗憾了，《喻血轮全集》仿佛已经在向我们招手走来。

二〇一七年，值此喻血轮逝世五十周年之际，足本《绮情楼杂记》和《喻血轮集》都要出版了，这是对喻血轮最好的纪念，也真心希望喻血轮的研究者越来越多，以这两部书为基础，写出更多的研究喻血轮的文章来。

丙申（二〇一六）年夏作于京城朗山轩

关于喻血轮

喻血轮是谁？恐怕今天已经没有多少人知道他了。或许有人会问：是不是写《林黛玉日记》的那位鸳鸯蝴蝶派作家啊？是的，正是人称"地损星"的绮情楼主喻血轮。他出身于名震鄂赣皖一带的黄梅喻氏家族，为乾嘉年间性灵派诗人、"光黄一大家"喻文鏊的再玄孙，也是"中国铁娘子"吴仪的舅舅。其实，他既是一名文学家，更是一位忧国忧民的辛亥报人。

世家子弟喻血轮

黄梅喻氏祖上于明朝中期（弘治、正德年间）迁自麻城，先居黄梅县城近郊赤土坡，后迁入县城东门。黄梅喻氏在晚明开始兴盛，于乾隆至咸丰年间达到鼎盛，辉煌期持续了一百年之久，后经太平天国、抗日战争而渐趋衰落。黄梅喻氏于清一朝，累代仕宦，有三人中进士，五人中举，两人中举人副榜，贡生秀才不计其数，更值得称颂的是形成了一个卓有影响的黄梅喻氏文人群，著述多达上百部，产生过较大的影响。黄梅喻氏族文人群与中国文学史上的桐城派、性灵派、鸳鸯蝴蝶派渊源甚深，其中不少早已写进《清史列传》《湖北通志》《近代文学史》《中国文化世家》等权威史学著作，如喻化鹄、喻文鏊、喻元鸿、喻元泽、喻同模、喻的痴、喻血轮等是其中的杰出代表。同时，黄梅喻氏与汉阳叶名琛、蕲州陈诗、芜湖黄钺（勤敏）、黄小田，又与黄梅梅龚彬、邓瘦秋、石信嘉、吴仪等名人家族有着姻亲关系。喻血轮正是出生于这样一个文化世家。就民国时期而言，他与中山大学法学院院长梅龚彬（后为民革创始人之一）、《中华日报》社长石信嘉是表兄弟。

喻血轮自幼随舅舅梅宝瓒（进士梅雨田之孙、拔贡）、叔叔喻圭田（贡生）饱读诗书，古文功底极其深厚。同样的，喻血轮的哥哥喻的痴（一八八八——一九五一）曾任《汉口中西报》总编辑，著有《喻老斋诗话》《喻老斋诗存》《樗园漫识》等；喻血轮的弟弟喻血钟（一八九三——一九五四）也是《汉口中西报》的主笔之一，曾校点过一本古籍出版。其妻蓝玉莲，笔名喻玉铎，著有鸳鸯蝴蝶体小说《芸兰日记》等。

关于喻血轮的家世，他的父亲喻次溪在《山居杂兴并序》中云："余祖先居县城东里，迄今三百余年，诗书科第颇显烜，时称东里喻氏。"这或许是喻血轮家世的一个最为准确、形象的总结。

绮情楼主喻血轮

在《民国以来旧派小说家点将录》一文中，作者夏双刃如是感叹喻血轮："可怜黛玉黄泉下，任他鲁迅评焦大。"并叙其生平、创作等，云："绮情生以林黛玉唯一知己自诩，目空贾宝玉之流。《林黛玉日记》当时轰动三界，而周树人妒非之，直言看一页则不舒服小半天。渠不解风情，真焦大之语也。复有《芸兰泪史》《西厢记演义》等，皆本寨绝世武艺，舞于仙雾之间。其人出身黄梅文学世家，成名极早，盖开山功臣级。惜忽焉从政，不辞而别，待归来时，人面皆已替尽，是以不闻名之如是哉。"

这是关于绮情楼主喻血轮作为一名鸳鸯蝴蝶派文学家的评论，虽简洁，亦甚中肯。民国初年，喻血轮发表了大量畅销言情小说，如《悲红悼翠录》（进步书局）、《情战》（进步书局）、《名花劫》（进步书局初版，同年中华书局再版）、《菊儿惨史》（进步书局）、《生死情魔》（进步书局）、《双薄幸》（文明书局）、《西厢记演义》（世界书局）、《芸兰泪史》（清华书局）、《蕙芳秘密日记》（世界书局）、《林黛玉笔记》（世界书局）、《女学生日记》（广明书局）、《情海风波》（文明书局）、《惧内趣史》（大东书局）、《杏花春雨记》（文明书局）、《孤鸾遗恨》（与妻子喻玉铎合著，文明书局）等。这些书都广泛流传，一版再版。

对于喻血轮的早年文学生涯，他本人又在《沈知方与世界书局》中回忆说："顾沈雄心勃勃，决非久于雌伏，因于民国六年在苏州组织学术研究会，由其侄骏声出面。

骏声时方在沪经营大东书局,文艺界旧友甚多,乃约予及其他十余人至苏州,为学术研究会任事。既至苏,始知学术研究会,实一雏形书局编辑部,其工作为著作小说及注解旧书。沈生平读书无多,而独能透悉社会潮流及读者心理,经其计划编出之书,无不行销。予所著《芸兰日记》《林黛玉笔记》《蕙芳秘密日记》诸小说,即成于是时,一年中皆销至二十余版,其他各书,亦风行一时,当时系用广文书局名义出版,由大东书局代为发行。"

作为一名鸳鸯蝴蝶派的小说家,也可以说是哀情小说大家的喻血轮,最负盛名的著作是《林黛玉日记》(亦名《林黛玉笔记》或《黛玉笔记》)和《芸兰泪史》。前者是民国初年的畅销言情小说,为我国最早的日记体小说之一,也是鸳鸯蝴蝶派早期的重要代表作。它的畅销程度实在令人惊讶,甚至在民国时期就出现了大量的盗版本,例如伪满洲国康德五年(一九三八)就曾盗印过,甚至还有书商将其改名为《恨海情天》盗版。新中国成立后,这本书又一版再版,已经不下五六种版本了,前几年上海古籍出版社还推出了插图版。而《芸兰泪史》则被某些文学史家与徐枕亚的《玉梨魂》、苏曼殊的《断鸿零雁记》并称为"近代文学的三大名作",在近代文学史上享有一定声誉。

辛亥报人喻血轮

世人都说"辛亥报人喻血轮""辛亥老人喻血轮"。其实,喻血轮进入报界并不在辛亥革命之时,而是在南北和谈告成之后。据史料记载，喻血轮于一九一二年初到北京法政学校读书，后到夏口（汉口）法院工作。大约于一九一三年初入《国民新报》，当年初夏改入《汉口中西晚报》（《汉口中西报》的子报）。《国民新报》和《汉口中西报》都是辛亥革命前后颇负盛名的革命报纸。只是，喻血轮由于年龄原因，辛亥革命时（十九岁）才从黄州府中毕业，在辛亥革命前还来不及参与革命思想的宣传工作。

当然，辛亥革命前，喻血轮身边的一些同乡亲友直接参与了辛亥革命前的思想宣传工作，对他的影响非常大。一九〇九年十二月，喻血轮同邑好友、革命志士宛思演变卖祖产，接办《汉口商务报》，作为革命团体群治学社的机关报，革命党人拥有机关报自此开始。宛思演、邢伯谦（亦黄梅人）担任正副经理，主笔詹大悲，编辑何海鸣、梅宝玑（喻血轮堂舅）、查光佛等担任撰述，刘复基任会计兼发行。该报"不特鼓吹革命，言论激昂，抨击无所忌讳"（喻的痴：《樗园漫识》），成为全国报界"革命之先锋"。一九一〇年四月，《汉口商务报》被查封，革命党人"卷土重来之志，迄未稍衰"（喻肖畦：《大江报馆重出版祝词》，原载《汉口中西报》副刊《柝声》一九三五年七月六日）。同年十二月十四日，《大江白话报》创刊于汉口歆生路。此报由梅宝玑劝说黄梅富家子胡为霖投资所办，胡自任经理，詹大悲、何海鸣担任正副主笔。"吴一狗案"发，《大江白话报》"据实直书，无所畏惮"，一时名震全国（喻肖畦：《大江报馆重出版祝词》）。一九一一年春，胡为霖离开《大江白话报》，由詹大悲接办，改名为《大江报》。七月十七日，《大江报》发表何海鸣《亡中国者和平也》；同月二十六日，又发表黄侃（署名"奇谈"）《大乱者救中国之妙药也》，震惊于世的"大江报案"由此产生。可见，辛亥革命前的喻血轮虽未直接参与革命思想的传播工作，从中深受感染和鼓舞则毫无疑义。

那么，喻血轮是否参与了辛亥革命的实际工作？最近从台湾《湖北文献》上翻读到喻血轮的一篇《参与武昌首义身经概略》，可见喻血轮确实参与了辛亥革命。此文颇有史料价值，可以一窥当时实景一二：

余于清宣统三年春间，由梅宝玑君介绍，加入共进会黄州支部。时予方肆业黄州府旧制中学，所有革命刊物，均由同学宛思演、詹质存（大悲）等供给阅读，以是革命思想，极为坚定。是年阴历八月十九日（以下时日均为阴历）武昌起义，予于八月下旬至武昌，随梅宝玑、詹质存赴九江，运动马毓宝起义，九月二日夜，首由金鸡坡炮台发难，道台保垣闻讯逃匿，三日晨马毓宝即宣布起义，在南门大校场誓师（誓师词系詹质存撰拟），设都督府于道署，使清廷海军，不敢再越浔而上。初五日余即随梅等返武昌，投效学生军，隶刘绳武部下第五队，队部设在甲栈，数日后，以体弱被汰。旋入军务部军装科为科员，科长为黄梅邢伯谦君，余为司笔札。会汉川梁宗汉，派人来部索取军械，邢队派余随杨得胜君（军人）于九月中旬，由汉阳经蔡甸赴汉川，点验梁宗汉军队，点验毕，始知梁所部两营，半为新兵，半为逃兵，纪律甚坏，殊无作战能力。至九月下旬，北军已由新沟渡过襄河，上取汉川，下攻汉阳，梁需要军械更急，遂于九月二十三日晚，派其参谋袁其炯君（日本留学生）偕余由汉川乘小舟赴武昌，向军装科请械。距舟行不久，即闻汉川城外，枪炮声大作，城郊稻草堆，均已起火，火光熊熊，满天皆赤，余等相隔二十里，犹能在舟中阅看日记簿，盖汉川即于是夕失陷，倘余稍迟数小时启行，即陷敌手矣。次晨至系马口，得一拖货小轮，余与袁君即乘此轮出沌口，沿长江南岸而回武昌，此为余第一次冒险出差。但回军装科后，邢君忽调余至外交部庶务科为科员，科长为黄梅梅镇澜君，与余甚相洽。外交部设在黄土坡蛇山麓梁敦彦公馆，与方言学堂邻近，方言已停课，学生多半至外交部任翻译，时南北两军，正隔江对峙，枪炮弹满天飞舞，但汉口各国领事及新闻记者，仍每日冒险渡江，至外交部访问，日本人尤多，皆由部长胡瑛新自接见。胡每见外宾，必将某省已响应起义，某省已出兵援鄂，饰词以告，外宾亦将国际同情消息，告之胡氏，如此交换情报，在宣传方面，收效甚宏。外宾来时，有时亦款以茶点烟酒，余在庶务科，即司其事。九月下旬某日，北军在汉口招商局趸船架炮，轰击武昌，一炮弹正落外交部花园，炸死一卫兵，蛇山炮兵见状大怒，立瞄准招商局旧船还击，忽一弹直接命中，遥见趸船轰然一声，青烟夹火光并起，俄顷沉没，余及民众皆亲见之，无不鼓掌称快。惜当时不知此炮兵姓名，致无以彰其伟绩。余在外交部庶务科，直至南北和议成立，始离去。

辛亥革命后的民国初年，喻血轮在《汉口中西报》发表不少文章继续宣传革命思想，维护辛亥革命的胜利果实。一九一六年秋,《汉口中西报》举行三千号纪念,黎元洪以大总统名义赠送亲笔题词"觉世功深"的匾额(喻血轮《我在中西报十年生活的回忆》)。

喻血轮一生倾情辛亥革命,是一个忠实的三民主义信徒,辛亥革命前虽未做成"辛亥报人",却也投身了辛亥革命,并在民初维护辛亥革命的胜利果实,晚年继续"忆辛亥",当之无愧地可以说是"辛亥之子"。那么,说他是"辛亥报人""辛亥老人"似又不是不可?

作为一名爱国作家,喻血轮晚年屡欲回到家乡。据喻血轮的侄子喻弗河说,一九六七年,喻血轮往内地探亲,不料中途在香港病重逝世。

作于二○一二年

喻血轮与鸳鸯蝴蝶派

吾邑民国作家有三,若论影响之大,首推废名。在废名之前,还有一文学家即喻血轮。废名之后有剧作家刘任涛。此三人恰好代表民国三个时期的文学潮流,即喻血轮为民国初年的鸳鸯蝴蝶派作家,废名为二三十年代的新文学作家,而刘任涛则为四十年代的革命作家。

喻血轮比废名年长九岁,其革命人生起步甚早。先是宣统年间就读黄州府中,受大哥喻的痴、宛思演、方觉慧、詹大悲、何亚新影响,接触了革命思想。后宛思演变卖祖产,创办《汉口商务报》,作为革命团体群治社的机关报,革命党人拥有机关报自此开始。喻圭田(喻血轮三叔)、邢伯谦、詹大悲、何海鸣、梅宝玑(喻血轮堂舅)、查光佛、刘复基等亦与其事。后《汉口商务报》被清廷查封,何海鸣、刘尧澂到黄梅拜见喻圭田、梅宝玑,商议继续办报,梅宝玑立即说服同邑富家子胡为霖投资办报。于是喻圭田、梅宝玑、胡为霖、詹大悲、何海鸣等办起《大江白话报》。《大江白话报》及其后身《大江报》是辛亥革命时期最有影响的报纸。喻血轮必亦耳濡目染，以致革命爆发时，孤身前往武汉，投身学生军，成为辛亥革命的参与者。

民国二年（一九一三），《汉口中西报》成立，喻血轮又与喻的痴、喻耕屑、聂醉仁、邓瘦秋等黄梅亲友暨贡少芹、何海鸣、管雪斋等担任主笔。不久，在李涵秋介绍下，贡少芹赴上海进步书局担任编辑。此时，喻血轮、何海鸣也开始动笔写作，跻身鸳鸯蝴蝶派。

何海鸣、喻血轮以辛亥志士的身份转而从事小说写作，表面看来殊不可解，但从他们的小说中可略窥一斑来。以《蕙芳日记》而论，喻血轮把自己失落、不满、痛苦，投射到闺阁女子的哀情里，体现了一个世家子弟在北洋军阀时代的落寞、伤感和彷徨。也说明他的精神思想日趋消沉，在时代的洪流中辨不清社会前进的方向，而未能参与即将到来的"五四"新文化运动。喻血轮也就此裹足不前，无论文学成就，还是个人思想都未能更进一步。何海鸣也是类似的情形，如严芙孙在何海鸣小传中写道："自后息影燕京，专以小说自娱。"在鸳鸯蝴蝶派最鼎盛期，何海鸣成为一个比较核心的人物，而喻血轮则与这一派若即若离。当时，"鸳鸯蝴蝶派"一说尚未确立，喻血轮也未以此派自居。迨"五四"退潮以后，喻血轮渐渐不再写作，与此派毫无瓜葛。

在魏绍昌所编的《鸳鸯蝴蝶派小说书目索引》里，"言情"项下，《悲红悼翠录》《情战》《名花劫》《林黛玉笔记》《双溺记》赫然在目。他的妻子喻玉铎（蓝玉莲）的

《芸兰日记》也记录在案。需要说明的是，该索引还收录了张子和的《芸兰泪史》。据笔者买到此书，其实即喻血轮所著之《芸兰泪史》。

现在，我们从喻血轮的文字里几乎找不到任何关于鸳鸯蝴蝶派的记载，而鸳鸯蝴蝶派作家也几乎没有提到喻血轮。我们只能从出版物的角度来揣测、想象他们彼此之间的关联。比如，郑逸梅在《民国旧派文艺期刊丛话》里回忆说：《小说海》"短篇有……喻血轮《苦海鸳》、刘半农《女侦探》、徐卓呆《名马》、许廑父《娟娘》……"《小说海》创刊于一九一五年元旦，中国图书公司发行，编辑者黄山民，为早期鸳鸯蝴蝶派的发轫之地之一，喻血轮的《苦海鸳》即发表于此，同刊作者皆一时之选。

又如，一九一五年，喻血轮初入文坛是在进步书局出书，而进步书局由鸳鸯蝴蝶派文人王均卿（文儒）主持，由沈知方侄子沈骏声领导，喻血轮的前同事、好友贡少芹由李涵秋介绍在里面做编辑。或许，喻血轮与王均卿等联系，正是由贡少芹绍介。

再如，一九一八年，喻血轮最重要的三部小说《蕙芳日记》《林黛玉笔记》《芸兰泪史》出版，其中《蕙芳日记》《林黛玉笔记》在世界书局，《芸兰泪史》在清华书局，而清华书局刚刚创办，其主事者即"哀情巨子"、最早的鸳鸯蝴蝶派作家徐枕亚。当时，清华书局作品不多，后来更是稀少，徐枕亚能够看重喻血轮的作品，或即二人文学趣味十分相投。

"五四"以后，喻血轮到上海担任《四民报》总编辑，总经理为林泽丰、史允之。据云创办之初的规模可与《申报》相抗衡，全国和上海的新闻都有报道。此时，在沈知方、沈骏声的支持下,大东书局于一九二一年创办《游戏世界》,由鸳鸯蝴蝶派代表人物周瘦鹃、赵苕狂主编。这时寓居上海的喻血轮在上面发表了若干小说,并设置"绮情楼杂记"专栏,作小说、奇闻连载,其中《忆凤楼情史》专门记述喻血轮的好友、鸳鸯蝴蝶派主要代表赵苕狂的感情经历。此可见"绮情楼杂记"得名之早。此后,喻血轮几无作品,而是投靠小学同学、时任国民革命军第三十七军政治部主任吴醒亚担任秘书,从此参与了北伐工作,并在陈立夫的支持下,与吴醒亚、石信嘉等创办了《新京日报》(一九三一年,《现代文学评论》曾发布文坛消息"冯文炳将来京",称废名即将到任《新京日报》副刊编辑。此或即废名与喻血轮有关系之隐形证据。唯废名与喻血轮在黄梅故乡,两家距离只有数百米则是事实)。喻血轮自此彻底脱离文坛,转投宦海。但他的小说却一版再版,甚至到了三十年代后期,东北沦陷区伪满洲国的几家出版社还以康德年号出版了《林黛玉日记》《芸兰日记》。而内地也出现大量冒名喻血轮者,或将他的作品改名予以出版。如一九二三年上海世界书局出版《芸兰泪史》,版权页署名"湖北张子和"。再如,一九二九年上海华新书局出版《江湖铁血记》(两册),版权署名编辑者"绮情楼主喻血轮",增批者"天笑",似以擦边球的方式盗用喻血轮、包天笑之名。而他被鲁迅点名批评的《林黛玉日记》,甚至还有书商改名为《恨海情天》出了盗版。可见,二三十年代,喻血轮虽不再从事创作,但他早年的名声、著作却还在传播。

笔者也试图在《绮情楼杂记》中,仔细翻检他与鸳鸯蝴蝶派的关联,勉强沾边的除前文所引《沈知方与世界书局》之外，略略也算的两条，仅稍稍提到"海鸣以'衡阳孤雁'笔名，撰时评小说，尤有精彩"以及还珠楼主、刘云若参与《天风报》。可见，喻血轮虽写下该派的名作《蕙芳日记》《林黛玉日记》《芸兰泪史》，也被后人视为鸳鸯蝴蝶派，但实与该派代表性人物渊源不深，也证明了鸳鸯蝴蝶派是一个松散的流派。

　　作为一名鸳鸯蝴蝶派小说家，也可以说是哀情小说大家的喻血轮，他的全部小说有十余种，不足百万字，但在鼎盛期不足十年的时光，写下这么多作品也不算少了。喻血轮逝世后，他的《林黛玉日记》一再出版，其他小说则几无人知晓。在笔者努力下，先后将他的《绮情楼杂记》和《蕙芳日记》整理出版。其中有一册《双薄幸》实难寻找，笔者唯知内容提要，云："一樵夫之女，美丽无伦，私与中表某生订为伉俪，某生背之。某公子素阴险，以狡计得之。公子远出，恶叔挑之不从，因而馋搆其间。适公子携妾归来，恶叔复与妾通，女遂被逐而死。此书佳处，樵夫之老悖，公子之残忍，叔之佻挞，妾之淫荡，与女之慧心卓识，和平贞洁，无不毕力描写。以此惩劝颓风，或堪稍挽。"兹录此存念，祈望知情者告我。

作于二〇一六年

《蕙芳日记·芸兰日记》后记

我研究喻血轮(一八九二——一九六七),与研究废名几乎是同时、同步的。研究废名资料之难寻,已非常人可以想象。而搜集喻血轮资料之难,更甚于废名多矣。因此,我的喻血轮研究,所成文字极少。早在十年前,武汉、黄梅的二三师友均知我在研究喻血轮,或者说是黄梅喻氏。渐渐地,书友们也知道一些了。

二〇一一年为辛亥革命一百周年的日子,有家出版社出版了喻血轮的《绮情楼杂记》。我虽为供稿者,并遵嘱写有《编后记》,并附录我之所撰《喻血轮年表》前半部分。但实则此书未经敝人全校,更非敝人所编,出版者凭一己之认识,亦不事先沟通,自行删文、重编。至于署名"眉睫整理"者,与事实出入甚多。此书错谬不少,当收到样书时,我即要求改正重印。在本人强力要求下,终于在首印之后不足两月,出版方又重印一些校正本。但首印本已流入市场,我接书友指谬之信不下十封。区区小书虽不足道，但兹事体大，以免谬误流传，特在此声明。

不过，对《绮情楼杂记》一作重视者不少。先是请傅国涌老师作序，后又请羽戈兄再序。傅老师序言作好后，闻羽戈亦有序，乃特地嘱咐用羽戈之序即可。我亦遵嘱照办。蒙傅国涌、羽戈二位师友推重，我亦增加不少信心。该书出版之后，反响果然不小。我虽未主动请人写书评，但董桥、陆灏、俞晓群诸位老师均主动撰文推荐，让我至感荣幸。

此次，蜜蜂书店的当家人张业宏兄又看重喻血轮及其爱妻喻玉铎之两册日记体小说，嘱我整理出版。我想，这对于了解喻血轮夫妇以及早期日记体小说，乃至近代文学史均有一定的意义。于是欣然应诺。

《蕙芳日记》又名《蕙芳秘密日记》（初版本封面作《蕙芳秘密日记》，目录和版权页作《蕙芳日记》，后亦有书名单作《蕙芳日记》行世者），初版于民国七年（一九一八），为哀情小说，颇富闺怨之哀、闺情之趣、深闺之美。同时也语涉辛亥革命，甚至晚清、民国名人俞曲园、盛宣怀、李鸿章、"彭刘杨"三烈士、张勋、康有为等都有提及。作者假借蕙芳之口，反对世人的"自由"结合，也反对包办婚姻，貌似体现出作者矛盾的婚姻思想，实则是他对贞洁、崇高的自由爱情的歌颂与向往。蕙芳经过一番争斗，终与爱人保罗结婚，正是此种表现。批语中有言："不移情别注，今日滥说爱情之女学生，能有几人？"类似思想在小说中反复出现，似亦适用于当下社会。

《蕙芳日记》受《红楼梦》的影响至深，它一面同情于旧时女子不能掌握自己的命运，另一面又歌颂女子之美。在对蕙芳详细的心理描写中,写尽了旧时代女子的悲哀。作者无力拯救她们,却将之呈现于世,值得世人思索。喻血轮没有刻意抨击封建礼教,但他笔下的蕙芳正是封建礼教社会深闺中的旧女子,同时又有着新时代自由恋爱的诉求。这个形象置身于民国初年的社会中,从而具有了小说史的意义。不久后,新文学运动爆发,不少闺秀女子才真正走向社会,一个新的时代开始了。"愁苦之音以华贵出之",这是朱光潜评价废名诗化小说《桥》的评语,移作此处来评价《蕙芳日记》,我想也是中肯的。期待读者仔细体会小说语言的精美、诗情的温婉,并指出其不足之处。

从取材上讲,喻血轮与爱妻喻玉铎(蓝玉莲)夫妻情深、喻玉铎曾就学南昌、喻血轮民国五六年间游历江浙沪等,在《蕙芳日记》中都有一定程度的反映。喻玉铎的《芸兰日记》则脱胎于喻血轮的传世名著《芸兰泪史》,亦颇有可取之处。

喻血轮非一凡人,他的才华涵盖小说、诗词、杂记、书法等诸多领域。我想,继《绮情楼杂记》和本书出版以后,假以时日肯定会有人出版《喻血轮全集》的。我将拭目以待!

甲午(二○一四)年初于黄梅老宅,
时小女颂颂刚满周岁

关于废名先生

遗忘与发现中的废名

鄂东奇人废名,在中国文学史上的地位沉浮较大,这除了政治因素以外,与废名的独特文风和个人脾性都不无关系。卞之琳就曾说废名是"偏将""僻才",许多读者又反映他的作品难懂,一些国内外研究者称他是"怪人",什么"魔道怪人""新诗怪",诸如此类。他的至交师兄俞平伯在致胡适信中说:"废名畸形独往,斯世所罕。"于是废名其人其文在一般读者看来是陷入神秘不可解一路。京派批评家李健吾干脆说他的作品是"孤绝的海岛"。因此,废名生前亦不是大红大紫的作家,热闹不是他的本色。但他的作品很影响了一批著名作者,形成一代文风(有人誉为"废名风"或毁为"废名气")。这不能不令人称奇赞叹。王风先生称废名是"作家之作家",这是很好的概括。废名的作品曲高和寡,普通读者难以接近,但就有那么一

废名像

些大胆的作家敢于品尝。他的作品也许生来就不是写给普通读者的,而是写给与他有近似审美观和文学趣味的"同一基调"的作家。

正是这样一个"作家之作家",开一代文风的文学大师,曾一度名不见经传,在文坛上销声匿迹。曾几何时,我们提到废名,对他知之甚少,一些人竟然拿李健吾、卞之琳等人来抬举废名,殊不知他们与废名谊兼师友。卞之琳喜读废名的小说,在艺术上受其影响。而李健吾当年评论废名时,是采取仰视的态度,至少在他心目中废名与巴金、俞平伯、沈从文等是一个级别的文学大师。只要我们翻开他的《咀华集》,细心比较阅读就可以明白。关于李健吾评说废名的文字,有一段往往被忽视:"用同一的尺度观察废名先生和巴金先生,我必须牺牲其中之一,因为废名先生单自成为一个境界,犹如巴金先生单自成为一种力量。人世应当有废名先生那样的隐士,更应当有巴金先生那样的战士。一个把哲理给我们,一个把青春给我们。二者全在人性之中,一方是物极必反的冷,一方是物极必反的热,然而同样合于人性。"

新时期以后,我们又开始提这个作家了。二十世纪八十年代,汪曾祺说:"废名的影响并未消失,它像一股泉水,在地下流动着。也许有一天,会汩汩地流到地面上来的。"当代作家贾平凹说:"我学习废名,主要学习他的个性,他是有个性的作家,我写作上个性受废名的影响大……"在学术界,也常有这样的感喟:"新中国成立后对废名的研究是不够的。为了总结'五四'以来的文学创作的历史经验,以利于今天文化事业的发展,在现代文学研究领域，对于废名研究给予应有的重视，是必要的。"诗人柏桦甚至认为："废名需要真正意义上的被重新发现、被彻底的发现，需要一大笔基金成立专门的'废名研究所'吸引为数不多的坚贞的废名研究者用毕生心血写出一本又一本关于他的学术专著。"

废名其人其文

废名早年进湖北第一师范读书时，章黄学派嫡系传人刘赜（博平）自北大毕业到第一师范任教，课堂上他用鄙夷的语气告诉学生北京有个胡适在倡导新文学。从此，废名开始接触《新青年》等刊物，陶醉于新文学，并尝试白话诗文创作。据废名哲嗣冯思纯先生回忆，废名在武昌曾与共产党早期领导人陈潭秋办过进步刊物，并结识董必武、熊十力等激进人物。可惜今已无详细资料可以考察和佐证废名在武昌的文学活动和思想蜕变过程，但这一时期的文学训练、文化熏陶，必然为废名日后走上文坛打下良好基础。值得一提的是，废名至迟在一九二一年十一月即与周作人取得联系，并将自己的诗文稿寄给周作人审阅。在废名进入北大前，二人已通信多次。

废名最初是以发表新诗与世人见面的，但他在北大求学时主要是创作小说。初进文坛的废名主要参与了"浅草社"的文学活动，并与冯至、杨晦、鹤西等交往甚笃。废名在武昌时，就非常喜欢鲁迅的小说，到北大后又在课堂上受到鲁迅的言传身教，于是废名早期小说很自然地受到鲁迅影响，最具有代表性的一篇是《浣衣母》。有意思的是，同为封建礼教的牺牲品，"浣衣母"形象的产生要早于"祥林嫂"。不过废名的乡土小说又有自己的特质，他始终朝着平淡朴讷的作风发展，充分在白话中运用方言，文笔纤细朴素，展示了普通百姓健康的人性美，废名最终脱离鲁迅的园囿而自成一派（早期乡土文学旁宗）。乡土小说的出现是二十年代文学艺术多样化发展的例证，而废名的"田园小说"在艺术追求上走向了极端，更好地证明了这一点。废名自《竹林的故事》出版后，开始潜心"造桥"。废名在他的艺术探索上更深了，并走向奇僻之路。《桥》上篇还有《竹林的故事》《桃园》《菱荡》《河上柳》等的影子，愈到后面愈脱离现实，人物形象更加模糊不清，而艺术性愈纯粹，同时也就渐渐失去了有限的读者。当时除了沈从文、芦焚受废名田园小说影响外，还有青岛小说家李同愈、上海的朱雯（笔名王坟，现代女作家罗洪的丈夫）、东北的李辉英（原名李连萃，新中国成立后移居香港）等。废名的小说成就在三十年代即被认可，无论是风格评价还是影响都已得到充分认识，废名成为现代小说史上赫赫有名的京派小说创始人，无愧于"一代宗师"之誉。四十年代后期，废名重出文坛，写出《莫须有先生坐飞机以后》，与钱锺书、师陀成为当时上海文坛最受瞩目的小说家。但此后废名再未创作小说，虽两度于一九五一年和一九五七年欲创作三部长篇小说，终未遂愿。废名生前是以小说家身份名世，小说搜集得也很完好，逝世后最完备的小说集子是一九九七年安徽文艺出版社出版的《废名小说》和二〇〇三年广西师范大学出版社出版的《废名小说全集》。

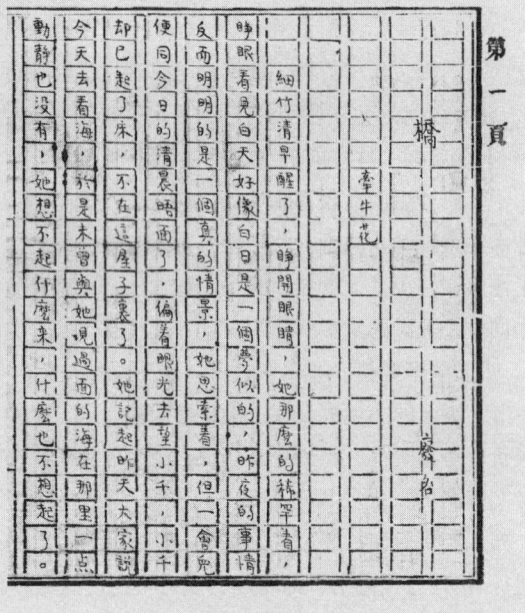

废名《桥·牵牛花》手迹

废名毕业后留在北大任教，自《桥》和《莫须有先生传》两本重要著作出版后，渐渐转入散文、诗歌创作和新诗研究。无论是与俞平伯、冰心作为周作人三大得意弟子，还是与俞平伯、江绍原、沈启无作为周作人四大门人，真正得周作人真传的只是废名一人。这已经越来越得到学界的普遍认同。周作人认为好的散文应当有"简单味与涩味"，废名实现得最彻底。废名的散文生前不曾收集，逝世后由冯健男一九九〇年编选的《废名散文选集》流传甚广，迄今已重印两次。而前几年止庵编选的《废名文集》影响甚巨，且观点新颖透彻而显得更加纯粹。在废名散文的认识上，冯健男的研究可作为一家之说，但毕竟不是真正研究本义的废名散文，关于废名散文意义的真正认识还是到止庵、孙郁等人手里才完成的。

废名是为数不多的因发表少量诗歌而受到关注的诗人之一。废名的诗深受中国传统文化影响，显得颇有"古风"。他的主要贡献是在中国文化传统基础之上阐发出"现代主义"，实现他一贯主张的"真正的新文学，与西洋文学不相干"，这多少也代表了林庚等诗人的观点。有意思的是，他又称梁遇春散文是"六朝文"，而他自己的小说岂不是具有中华民族特色的"诗化小说""玄想小说""意识流小说"？废名一直在寻找新文学的真正源头，并身体力行，实现新文学的"现代化"（应受到周作人《新文学的源流》影响）。废名的诗在当时视为"不可解"，但并不是丝毫没有影响。在废名诗近于"古典"的一路上，尚有沈启无（开元）、朱英诞等仿继之。特别是朱英诞（一九一三——一九八三），作为废名、林庚的传人，在三十年代中期跻身京派,受到前辈作家良好的教育和熏陶,抗战后成为留在北平的重要诗人之一。他将废名、林庚二人的诗风延续到四十年代中期,成为三十年代现代派诗的一支重要遗脉,深深影响了北方沦陷区的诗歌创作,以他和年轻诗人黄雨、吴兴华、南星为代表的一股充满古典气息的诗潮与当时的九叶诗派大有并立之势。沈启无(一九〇二——一九六九)是在废名鼓励和指导下进行诗歌创作的,一九四五年四月沈启无在《〈思念集〉题记》中还不无感激地说:"从前我印《水边》,是纪念废名,因为他是第一个认识我的诗的。"废名南下后,沈启无在沦陷区主要刊物发表废名的诗和《谈新诗》重要章节,并印行废名诗集,使废名诗及其诗论继续发挥引导性、纲领性的作用,在沦陷区受到广泛关注(见《吴兴华诗文集》附录一)。一般学者常将废名与"道兄卞之琳"并称(也有人将他与李金发并称),其实卞之琳并非真正懂得他的诗,倒是沈启无是诗人废名的"活知音",二人作诗常有共赏之趣。这些都体现了诗人废名的深远影响力。长期以来,学术界流行"废名诗大约仅存三十首",一九九七年周作人儿媳张琰芳女士偶然的发现,打破这一惯有的说法。

作为学者的废名,往往最被忽视。废名作为一名诗论家,以前也受到过一些关注,承认他的诗学观点"为突出的一家之言"。但近十年来,研究废名诗论的专家越来越多,大有形成"废名诗学"之势。其实,废名也是一名佛学研究专家、杜甫研究专家、鲁迅研究专家、美学研究专家和新民歌研究专家。这些都是被严重忽视掉了的。目前真正涉足作为学者的废名研究,国内尚无几人,可能武汉大学的陈建军教授用力最深。笔者深信，随着时间的推移，会有越来越多的专家走进作为学者的废名研究领域的。另外值得一提的是，废名早年赞同新文化运动，后又进行反思，并反对进化论，这种论调很有些类似文化保守主义者。如果有人以文化保守主义、新人文主义的视角研究废名，怕也会很有意思。

晚年的废名早已停止创作，成为一名纯粹的教授、学者。他在讲台上的风采不妨引录当年学生的追忆："小庞老师说，她们学校的老先生们讲当年废名先生在学校讲课时，讲到某古诗时激动得用手敲黑板，喊'这诗……写得好哇'！然后他的手不停地哆嗦，激动得难以言表。下面坐着几十个学生，有一些见老先生激动，也跟着一起激动，一起哆嗦，还有一些只是在想他们为什么哆嗦，剩下的那些觉得挺好玩，偷偷地笑了。此后，凡是跟着老先生一起哆嗦的，都成了当今的大学者，而废名老先生，早已在'文革'中惨死。"

《废名集》的出版

自废名《谈新诗》增删本和《冯文炳选集》出版以来，特别是九十年代后期至今，关于废名的传记年谱的编纂、作品重版和研究等，都有了长足的发展，重要成果如冯健男的《我的叔父废名》、郭济访的《废名传》、陈建军的《废名年谱》、格非的《废名研究》、吴晓东的《镜花水月的世界》及拙作《废名先生》等，其中多大部头的专著。在近年来编写的现代文学史上废名也恢复了他应有的位置。在这种良好的学术氛围和大背景下，编纂一部高质量的《废名全集》，贡献给文学爱好者和研究者，以及正在文学道路上跋涉的青年作家们，我想这是一个非常有意义的重要工作。

《废名全集》的编纂始于二十世纪末，其时编者王风先生尚在北京大学攻读文学博士学位。至二〇〇三年，基本完成编纂任务。当时交由北京出版社出版，并被列入"'十五'国家重点图书出版规划项目"。此前，废名的学生吴小如先生曾撰文呼吁《废名全集》的面世。可惜，《废名全集》因故仍未出版。二〇〇五年，《废名全集》又将转由吉林大学出版社出版了，书名改为《废名集》。但这并不失"全集"的意义，王风先生在"中国现代文学的文献问题座谈会"上谈到《废名集》时说："本书收录现能找到的废名所有已刊未刊作品，依全集体例编纂，其不名'全集'者，盖缺收日记、书信两项。"（后来王风先生将谈话整理成《现代文本的文献学问题——有关〈废名集〉整理的文与言》发表于《中国现代文学研究丛刊》二〇〇四年第三期）

从书名的变换来看，编者王风先生对于"全集"和"集"的界限是分明的，并不是随便一个作家都是可以出全集的。一个大作家或者经典作家，是有必要出"全集"或者"集"的，如众所周知的《鲁迅全集》《沈从文全集》《卞之琳集》等。编者说："其实，失收书信日记，也是可以叫'全集'的，我们这样做，是有点过于谨慎了。"废名虽不是大作家，但至少是在经典名家之列，并有其特殊贡献。二〇〇四年《罗念生全集》出版，在一片赞誉声中也招致潜在非议（见该全集编委会某委员一文），大名诗人朱湘尚未出全集，他的友人罗念生、赵景深、柳无忌、罗皑岚等怎好出全集？现在出版界大兴浮躁之风，流行出版"全集"，而又"全集"不"全"，有的甚至作家尚未逝世即出"全集"。二〇〇五年出版的《吴兴华诗文集》，自称完整完全，其实"遗珠"甚多，最后出版者不得不连连表示"俟再版——补入"（其实这类图书几乎没有再版乃至重印的机会）。相形之下，王风先生确实过于谨慎了。

《废名集》"以北平城国共易手为界，将此前作为作家的废名的创作与此后作为学者的冯文炳的著述分为上下两编，正无所倚轻倚重"。上编以文体划分，下编以内容划分，亦即以研究对象分类。本书有三项附录：一为对作者的采访记；二是他人为作者集子所写的序跋或家族关系文字；三是作者生平年表、作品编年目录、笔名录。

废名已经越来越受到学术界、出版界的重视，并得到众多研究者、爱好者的推崇。"废名研究"渐渐成为显学，一股不小的"废名热"开始升温。"废名诞辰一百周年"纪念活动开展以后，废名的家乡也开始重新了解和认识废名。黄梅政协文史委特编纂《废名先生》一书；废名的母校黄梅一中有以"废名"命名的废名文学社，该校李学文老师最早研究了废名的对联艺术，李伟雄老师首次开设"废名研究"选修课，在课堂上专讲废名。二〇一一年，武汉大学和黄冈师范学院又联合举办了"废名诞辰一百一十周年学术研讨会"，来自内地和海外的四十多名专家学者，济济一堂，讨论的话题都是废名。这些对于一代文学大师废名先生，或许是一个迟来的告慰。而《废名集》的出版，无疑是这一系列活动中举足轻重的篇章，将极大推动废名的研究。

二〇〇五年初稿，二〇一三年略补

师生之间：废名与周作人

周作人之于废名，可谓心灵导师；废名之于周作人，可谓真传弟子。关于二人师徒关系的形成、发展，历来少有考订。笔者稍加注意，并就一些新资料和疑点进行订正。至于世人所熟知的三十年代废名与周作人的交往，本文只做简单回顾。

一、废名早年与胡适、周作人、鲁迅的交往

废名最早的文学情况，只见载于《谈新诗》。经笔者从废名研究专家陈建军先生处获悉，再经由笔者的考证，其详细情况如下：一九一六年，废名进湖北第一师范读书，章黄学派嫡系传人刘赜（博平）自北大毕业来校任教，课堂上他用鄙夷的语气告诉学生北京有个胡适在倡导新文学。从此，废名知道了胡适，并开始接触《新青年》

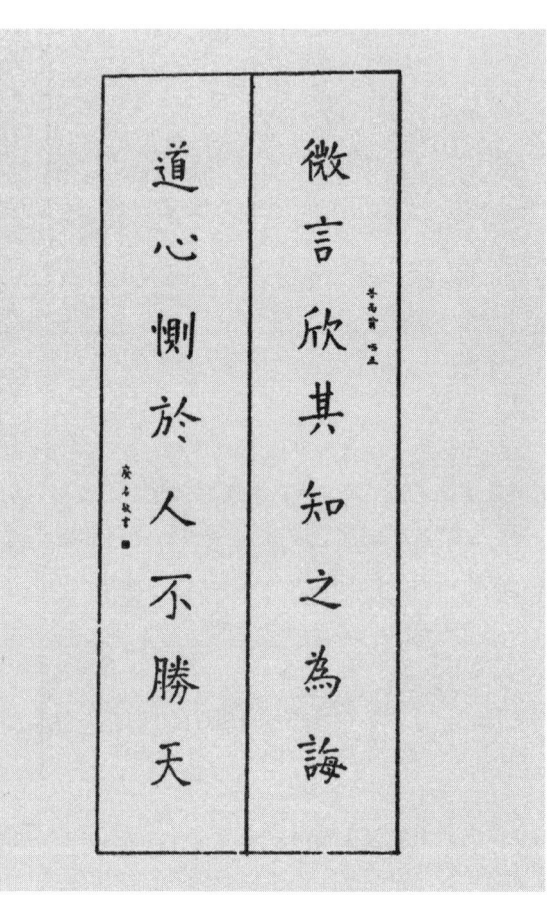

废名致周作人手迹

等刊物，陶醉于新文学，并尝试白话诗文创作。据废名哲嗣冯思纯先生回忆，废名在武昌曾与共产党早期领导人陈潭秋办过进步刊物，并结识董必武、熊十力等激进人物。只是可惜今已无详细资料可以考察和佐证废名在武昌的文学活动和思想变化过程，但这一时期的文学训练、文化熏陶，必然为废名日后走上文坛打下良好基础。

值得一提的是，废名至迟在一九二一年十一月即与周作人取得联系，并将自己的诗文稿寄给周作人审阅。在废名一九二二年秋进入北大之前，二人已通信多次。至今周作人家还保存有一九二二年五月废名写给周作人的一封信：

作人先生：

我爱文学，爱先生，也爱鲁迅先生。前天遇着一个从北京回来的朋友，他说鲁迅先生是先生的兄弟。我的理性告诉我，这不必另加欢喜，因为文坛上贡献的总量，不因是兄弟加多；先生们相爱的程度，不因不是兄弟减少。然而我的感情，并不这样巧于推论，朋友的话没说完，我的欢喜的叫声已经出来了。

去年因几篇拙劣的稿子，博得先生那多的教训，至今想起来，还觉不好意思得。——这，在先生看来，也许是不正当的态度，虚荣心的发现。因为先生的广大的爱河里，什么肮脏东西都容得着，何况是虽然未成熟，却也含有一样的生命的果子。

现在又寄上几篇，都是得了教训以后试作的，或者仍然犯了以前的毛病也未可知。但是自己是不能知道的了。

希望先生枉费一点工夫,给个指正!

"……我们上帝怜悯的心肠,叫清晨的日光从高天临到我们,要照亮坐在黑暗中死荫里的人,把我们的脚引到平安的路上——……"(《路加福音》第一章)(按:原件无书名号和括号。下同)

"……你回去罢,照你的信心,给你成全了……"(《马太福音》第八章)

冯文炳谨上

当然,此时废名也很崇拜鲁迅,喜读鲁迅的小说。二〇〇六年春,笔者作《新发现的一封废名佚信》一文,披露废名致胡适一信,此信《废名文集》《废名年谱》均不曾收录,亦未见学界提及,但从此信中又可搜寻出废名早年在武昌的一些文学情况的蛛丝马迹。可以更多地让我们了解武昌时期的废名与胡适、周作人、鲁迅的关系。在该信中第二段,废名说:

先生是文学革命的元勋,那时我还是一个小孩子,在一个中学(按:此为笼统说法,应指一九一六至一九二一年的五年师范时期)里念书,受了影响,第一回做的白话文就是一首白话诗。当时《尝试集》是读得最熟的了。记得后来到北京时曾寄了几首诗给先生看。慢慢的我做小说,开张第一回就刊登于《努力周报》,给了我一个很大的鼓励。从此继续着做下去,始终不懈。无论后来有怎样的进步,想起那时试作时的不寂寞,真真是一个最大的欢喜。因为有这样的因缘,我对于先生不但抱着我们今日从事文学的人，对于一个文学革命先驱应该有的一个敬意，实在又有一种个人的感情。

从这封信中，我们可以看出，废名在武昌时非常喜欢新诗，"第一回做的白话文就是一首白话诗，《尝试集》是读得最熟的了"。这时，废名对胡适是多么的崇敬，是有"一种个人的感情"的（当然，那时废名也喜欢周作人的《小河》，称它是"一首杰作"）。后来废名到北大读预科，寄了几首诗给胡适，又往胡适主持的《努力周报》投稿，首先发表的就是新诗《冬夜》《小孩》，其后又在《努力周报》发表小说，引起陈衡哲、胡适等人的注意。可见，废名当年考北大，胡适对他的吸引力是很大的，毋宁说他是冲着"北大""新文学""胡适"去的，当然周作人、鲁迅对他也有很大的吸引力。但绝对不是此前学界一般认为的废名是因周作人而考北大，通过废名在一九二一年左右与周作人通信的记载，我们甚至可以猜测，此时废名也应该寄信与文稿给胡适、鲁迅了。

总之，在武昌读师范时期的废名浸淫新文学，视胡适、周作人、鲁迅为精神偶像，也立志做一个新文学家，但对他们三人并无取舍的偏向，而是一视同仁，各自有废名尊重、喜爱的地方。

二、吾谁与归：选择周作人

一九二二至一九二四年，废名在北大预科就读，胡适主持的《努力周报》成为培养废名的第一块文学园地。废名还参加浅草社的文学活动，不久在北大校园获得一些文名，以至于一些朋友很容易看出是他的文章。同时也引起陈衡哲、胡适、周作人的注意。陈衡哲在致胡适的一封信中还专门提到废名一九二三年发表的小说《我的心》，周作人还鼓励废名出小说集，并答应为他作序。只是个性和特色还没有完全显露出来，鲁迅评价说："后来以'废名'出名的冯文炳，也是在《浅草》中略见一斑的作者，但并未显出他的特长来。"不久，废名在《语丝》发表成名作《竹林的故事》，其乡土抒情特色才为读者所熟知。一九二三年九月七日，废名首次拜会周作人。二人由通信到见面，关系有所发展。一九二三年冬，《努力周报》停刊后，废名曾听闻胡适将主持《努力月刊》，欣喜地给胡适写信："沉寂得要死的出版界，又将听见了一声霹雷。"郭济访《梦的真实与美：废名》中也有关于废名拜见胡适的记载，虽是猜测，但也值得玩味。废名此时尚未与鲁迅见面，但他对鲁迅是极其尊敬的，或许敬而远之？一九二三年废名发表的《浣衣母》就有鲁迅乡土小说的影子。直到《语丝》创办以后，废名才有了拜见鲁迅的冲动，可惜第一次拜会因鲁迅不在而未见，废名留下《现代评论》及《语丝》各一册而离去（此时废名尚未在二刊发表文章，并不是某些人推测废名拿着刊载有他的文章的刊物向鲁迅请教）。当天鲁迅在日记中写道：冯文炳来，未见。

《语丝》时期，是新文学阵营分裂与重新整合时期。对于废名个人而言，是成长道路上一个重要的转折时期，废名从此走向成熟。《语丝》前期（一九二四——一九二七），废名作为《语丝》的重要撰稿人之一，与周作人、鲁迅通信、见面的机会很多，直接受到二人的教导。废名许多著名小说，都在《语丝》发表，并在《语丝》连载长篇诗化小说《桥》，成为"语丝派"的一个重要小说家。在与现代评论派的斗争中，废名勇敢地站到了两位老师跟前，为之呐喊、呼号，显出"勇士"的风姿。但在《语丝》后期（一九二七年以后），废名开始偏向周作人。此时鲁迅、胡适已南下，三人当中仅周作人留在北平，废名尚未大学毕业，常常出入苦雨斋是很正常的，于是废名渐渐成为周作人的私淑弟子。留在北平的一班作家，把苦雨斋作为精神寄托之地，在心灵上相互安慰。三一八事变、张作霖之乱后，新文学阵营彻底瓦解，废名也很苦闷，以至辍学卜居西山，并在周作人的介绍下租住川岛的房子，同时在成达中学教书。这一时期，废名与周作人基本确立了师徒关系，二人关系极其密切。废名一度住在周作人的家里，"常往来如亲眷"，并在其家中完成名篇《菱荡》。可见，彷徨苦闷中的废名，最终选择了周作人，是当时实际情形和客观历史形成的。至于性格与审美上的趋同，只是其外在表现。

三、"周门四学士"

一九二九年，废名北大毕业。不久废名怀着对文学的痴心，以及对《语丝》停刊的惋惜，在周作人的指导下筹办《骆驼草》周刊。这时，废名已开始获得独立的人格、成熟的风格，最著名的两部长篇《桥》和《莫须有先生传》同时写作，成为文坛瞩目的著名作家，并与梁遇春、石民齐名，号称"骆驼草三子"。北方的文坛，基本以周作人为盟主，而废名是其麾下最得意的弟子。此外，还有俞平伯、江绍原、沈启无，时号周作人门下四大弟子，可谓"周门四学士"（按：据一九三四年七月二十八日周作人答日本记者问，他是把俞平伯、废名、冰心作为得意门生，又据一九三六年十月三日《铁报》上的《周作人的三位高足：俞平伯、冯文炳、冰心》为佐证，"四大弟子"一说或许外界据一九三三年《周作人书信》以及五人密切关系的误传、误认）。截至一九三七年，废名与周作人一直保持亲密的关系，在文坛上相互唱和，一同开创了京派的文学流派，这些都值得在现代文学史上大笔书写。

对于鲁迅的同情革命，废名在《〈周作人散文钞〉序》中甚至表达了一些微词，而鲁迅早在读到废名的《骆驼草》发刊词时就已察觉出废名"转向"了，对此，鲁迅在致川岛的信中予以否定性评价。鲁迅还对废名吹捧周作人更是反感至极，在致许广平一信中竟骂废名是周作人之"狗"！此时，鲁迅对废名虽赏识其才华，但对其思想、情趣几无好感，并为其转向感到惋惜，曾作《势所必至，理有固然》一文重重批评了废名的文学观，所批评的也即是周作人一派的文学观。

废名与胡适的交往一直比较淡，胡适对废名未见得有很多的赞赏，直到三十年代，二人虽仍有交往，但所谈仅限学问——废名对胡适的新诗观颇为不满，而废名的诗论并没有引起胡适的重视。据说废名在上"现代文艺·新诗"课之前曾问过胡适这门课怎么上，胡适叫他按照《新文学大系》上讲，意若按照胡适的"谈新诗"一文讲即可，废名却在课堂上大说胡适的不是，一口一个胡适之。后来，废名还因"读不懂的新诗"事件，到胡适门上叫板，"找胡适麻烦"，二人的关系也挺有意思的——这样，胡适还会对他很"感冒"吗？胡适是一个非常爱惜羽毛的人，对于废名这种较真的"憨牛"，他的好感只会越来越少。

以上可见，废名最终选择了周作人，并没有错：鲁迅难于接近，胡适对他好感不大。而周作人继续在思想上影响废名，废名无论文学观、审美观以至政治观、文学史观都深深刻着"周作人"的烙印。

四、抗战期间废名与周作人的交往

一九三七年七月七日，日本发动全面侵华战争，攻占北平，政治灵敏度极低的废名还在信中与卞之琳大谈"瀑布清听"。这时左翼文人纷纷南下，骚乱之后的北平寂寞冷清，一个偶然的因素促使废名提前南下了——一九三七年十月二十六日，废名母亲还春师太圆寂。于是师徒二人于当年十二月离别。有一个疑问是：如果没有废名母亲圆寂的偶然因素，废名会离开北平、离开恩师周作人吗？这个问题要到后面二人的交往才可以回答。

废名回家后，很快与周作人通信。一九三八年三月，自二人离别后周作人第二次回信给废名，六月又寄信废名。不久废名收到卞之琳的信及其与何其芳主编的《工作》，得知周作人附逆。废名起先固执地认为不可能，直到一九四四年废名才知道恩师确已附逆，但他仍然说：即使附逆，知堂老人还是爱国的，是他特殊的爱国方式。一九四一年元旦，废名寄周作人《说种子》一文直至一九四四年初，不见二人通信的记载，因为邮路已经不通了。

这期间有两个重要史料是学界所不知的。一是：一九四四年，周作人寄信废名要他回北平，估计是安排他在伪北大任教。后来又有日本士兵找到废名，说已经和周作人联系好了，找你去北大教书。面临着日寇的威逼利诱废名坚决不回北大。此事在废名的家乡黄梅流传很广，被视为废名先生有着崇高气节的一面。拙作《废名在黄梅》在《新文学史料》二〇〇五年第三期发表以后，北大老教授、物理学家张之翔读后在致他的侄子杂文家张雨生的信中还回忆到："梅杰（眉睫的原名）的文章中有一件重要的事没有讲到（按：其实已讲到，就是引用岳松秋先生的拒任伪职一事，只是我未具体说明），就是一九四三至一九四四年间，周作人任伪北大校长（按：此处为张老误记，周从未任伪北大校长一职，致废名信的时间应为一九四四年），曾写信请冯文炳到北大任教，冯先生没有接受。这事我在北山寺上县中时就听说过，后来曾问过冯健男先生，得到证实。我觉得这是一件大事，它显示了冯文炳先生的民族气节，令人钦敬。抗战胜利后，北大从西南联大复原，请冯先生来北大任教，他就欣然来了。"通过这个事件，我们可以肯定地说：即使没有废名母亲圆寂的偶然因素，废名迟早也会离开北平、离开恩师周作人的！这是废名与周作人不同的地方所在。二是：一九四四年的"破门声明"事件，也曾波及远在黄梅的废名，周作人也给废名寄去了"破门声明"的明信片，被废名的几个学生收到，他们拿给废名看。可见,废名是知道沈启无被恩师逐出师门的。此后,周作人还写信问废名《谈新诗》出版的事。以上基本是周作人与废名在这一期间的交往。

五、战后的废名与周作人

一九四六年九月,废名与当年考取北京大学西方语言文学系的大侄冯健男一同离开黄梅。到南京的时候,为了表达对恩师的感情,在时任国民政府外交次长的朋友叶公超的帮助下,废名与周作人在老虎桥监狱中见了一面。废名并未表达此次会面的感想,他对恩师的行为和下场只能表示理解。

废名到北大首先是去拜见胡适,此时胡适已是北大校长了。据废名的北大学生邓云乡回忆,胡适似乎看不起此时的废名一身乡下打扮,二人隔阂至此。此后也无什么深的交往。

一九四九年一月,周作人被保释出狱。废名开始与周作人取得联系,考虑到周作人的艰难生活,他热心地在老朋友中为周作人募捐,并亲自解囊相助两万元。直到一九五〇年,还有废名到周家贺年的记载。在那特殊的政治年代,周作人的许多老朋友都避之如鬼神,而废名毫不在乎,依然我行我素,保持与恩师的来往,并大力相助,在生活上有很多照顾,以至于在一个寒冷的冬天,为周家拉来一车煤炭。

蓝翎在《默默动情——当代文史钩沉》中回忆说:"一九五二年全国高等学校院系调整前,在某大学里曾发生过一件小小的教材风波。一位教现代文学的老师所选的教材里，有二十年代就成名的小说家废名（冯文炳）的作品，被有关领导人知道了，作为严重的教学思想问题进行批评，要求从中汲取教训，改造思想，转变立场。此后，选他作品的那位老师被调走了。"从这个教材风波中，我们可以看出废名当时在政治声名上已有"不良影响"了。这似乎与废名在新中国成立初与周作人的密切来往有点关系，只是找不到更确凿的证据。不过周作人曾不无担忧、坦诚地说："废名人太真率，只怕因我而受连累，甚至会吃亏的。"北大中文系曾开批判会批评废名，说他立场不坚定。最严重的后果是，一九五二年，废名被排挤出北大。

　　此后周作人与废名联系渐少，但他们在心底，会思念着对方吗？据《周作人年谱》记载，一九五七年十二月十四日周作人外出购买一册新出版的《废名小说选》，可见周作人在心里还是想念废名的，这比抗战期间"怀废名"更难熬、更苍凉吧！又据周作人一九六一年七月三十一日致鲍耀明信，信中有提到周作人与俞平伯、废名二君的交往，只是不常通信。

　　十年后，也即一九六六年八月二十四日，周作人遭受红卫兵殴打，并于次年五月六日死去。此时废名也已生命垂危，在家被抄以后，喃喃地问道：中国的"文化大革命"到底是怎么回事？一九六七年九月四日，下午一点多，废名也离开人世。中国现代文学史上开创京派的师徒二人就此永远地离开了人世。

二〇〇六年六月

讲堂上的废名先生
——兼谈《废名讲诗》

著名京派文学家废名先生,不但是一个优秀的小说家、诗人、散文家,也是一个出色的教师,他生前留下多部讲义、讲稿,可惜大多未正式公开出版。随着华中师范大学出版社今年十月推出的《废名讲诗》一书的出版,他的讲稿大多由此问世了。《废名讲诗》的出版,将我们带回那遥远的岁月中课堂上的缕缕泛黄的记忆,让读者感受了当年大师的风采。

在废名考取北大以前,就有了做小学教师的经历。一九二一至一九二二年,废名在武昌一小学教了一年多的国文,但他坚持自修,怀着文学梦考进北京大学。大学期间,废名开始发表大量文学作品,在周作人、胡适、鲁迅的关照下迅速成长,成为小有名气的青年作家。因种种原因,废名一度失学,卜居于北京西山,开始了短暂的隐居生活,其间为了生计,在成达学校(后并入孔德学校)教了半年多国文。不久废名大学毕业,在周作人的推荐下留

丁聪手绘晚年废名画像

校任教。从一九二九年至一九六四年，是废名长达三十五年的教师生涯，也是他的学者和教授生涯，而他的文学家生涯渐渐走到了尽头。

废名的第一部讲义是《新诗讲义》，也是新中国成立前唯一一部存留的讲义。一九三四年，废名在北大讲授"新文艺试作·散文习作"，不久开讲"现代文艺"。"现代文艺"课废名决定从新诗讲起，这是我国第一部新诗讲义，废名由此成为第一个在大学课堂上以新诗史的角度讲解新诗的人。废名关于新诗的见解是独到的，影响也是深远的。其实早在一九三四年二月一日废名致胡适的一封信中，废名就已经论述了自己的观点，大致如下：

一是明确指出"我们今日的新诗是中国诗的一种"，"白话诗不应该说是旧诗词的一种进步，而是一种变化，是中国诗的一种体裁。今日的新诗，并不能包罗万象，旧诗词所能表现的意境，没有他的地位，而他确可以有他的特别领域，他可以表现旧诗词所不能为力的东西"。二是在将旧诗词与新诗作了质的区分之后，继而指出语言形式的文言与白话非新旧诗的区别，"旧诗之不是新诗，不因其用的不是白话，就是有许多几乎完全是白话句子的词，我也以为不能引为我们今日新诗的先例。新诗之不是旧诗，不因其用的是白话，而文言到底也还是汉语"。三是指出当下诗坛的困窘境地，"今日做新诗的人，一方面没这个体裁上的必然性的意识，一方面又缺乏新诗的生命，以为用白话做的诗就是新诗，结果是多此一举。他们以为是打倒旧诗，其实自己反而站不住脚了"。四是对自己的新诗充满信心和对其晦涩的解释，"我自己所做的一百多首诗，自以为合乎这个新诗的资格。我用了我的形式表达出了我的意思，他是站在旧诗的范围以外，能够孑然而立了。若说他不好懂，那我觉得这本是人类一件没有法子的事情。艺术原则上是可通于人，而事实并不一定是人尽可解；恐怕同恋爱差不多，我所见的女人我未必都与之生爱情了。"（详见拙作《新发现的一封废名佚信》，原刊《博览群书》二〇〇七年第二期）

但是，废名的诗论并没有引起胡适的重视，废名很是失望。据说废名在上"现代文艺·新诗"以前曾问过胡适这门课怎么上，胡适叫他按照《新文学大系》上讲，意若按照胡适的"谈新诗"一文讲即可，废名却在课堂上大说胡适的不是，一口一个胡适之（冯健男：《废名与胡适》）。废名在课堂上与胡适叫阵，除了与两人的诗论不同以外，恐怕与这封信也大有关系。今天读着《废名讲诗》的"废名讲新诗"部分，我们似乎可以隐约体察到废名对胡适鄙夷的神情以及对新诗的乐观精神。

一九三七年的卢沟桥事变日军开始全面侵略中国，在狂轰滥炸中许多文人作家纷纷南下。日军的侵略行径导致许多学者的研究工作中断，并丧失大量珍贵资料，就废名而言，从此丧失了完成旷世奇作《桥》（下部）的续写机会，《新诗讲义》也未写完（废名诗学的传人朱英诞完成了这一未竟的工作，曾将废名在课堂上讲的《新诗讲义》进行整理并加以评注，以新诗史的眼光进行了补充，编纂成《现代诗讲稿》一书，此书署名"废名、朱英诞著"即将出版，成为区别于黄雨版本的废名诗论）。

一九三九年秋天，废名已迁家在黄梅金家寨龙须桥，于是被邀任设在金家寨的第二小学教员，教国语和自然。他以此为"试验田"，默默地耕耘，辛勤地播下新种子，教育就是为了反旧教育。他要学生"限读白话文，限写白话文"，"作文重写实际，写自己最熟悉的生活实际材料，不主张要小学生写议论文"（李英俊：《怀念我的恩师冯文炳先生》，李英俊一九四八年去台湾，仍健在）。废名的写实主张在这里得到了一定的实践。废名还自编新诗教材，选有除自己的外还有郭沫若、冰心、鲁迅、泰戈尔等人的诗作。他还教小学生写童诗，启人性灵。很可惜，这些自编的新诗教材现在都已见不到了，否则将是了解中国乡土教育的活化石。

一九四〇年二月，黄梅县长陈宗猷亲自调废名至黄梅县中，任英语教师。废名花费大部分时间忙于课蒙，自编不少乡土教材。当时废名很受一些学生欢迎，"平时学者风度，平易近人，他很喜欢跟学生聊天。傍晚，他每一出来散步，总有许多学生围着他，喜欢听他讲当代文学界文人逸事，学生心里对他怀有无限崇敬"！（李华白：《从金家寨、五祖寺到大发湾》）他还喜同学生讲《论语》《庄子》、泰戈尔、鲁迅、叶圣陶、朱自清、陈学昭等人的作品。废名得意门生翟一民在《永不消逝的"声音"》中回忆废名讲课神态，惟妙惟肖："虽然他的嗓音沙哑，但朗诵起诗来却是充满深情，抑扬顿挫，轻重缓急，刚直迂回，尽能绘声绘色地表达出来，真是耐人寻味，让人陶醉，使我们就像是观赏风景秀丽的山水画和倾听一曲清新的田园之歌一样，在潜移默化中感悟高尚的情操"，"同学们常凑在一起风趣地称道先生讲国语课真可谓'精美至

《废名先生》书影

极，妙不可言'，或有幽然者背后美称之为'妙善先生'。"当时新文学在黄梅近乎荒地，是废名培养许多学生的新文学的兴趣。废名从事教育还不拘于地，"冯师经常把野外当作教学的大课堂，带领学生们就树荫下席地围坐讲授，不拘形式，使教育生活化、趣味化，超凡脱俗。他说自然万物皆学问，青山绿水随处即文章，学生们陶醉于大自然的怀抱里，真是如沐春风、如浴瀚海"。（梅武扬：《永远敬爱的冯文炳老师》，现居台湾高雄）五祖寺时期，正是抗日战争深入进行之时，不少学生如蔡琼、梅白（后为作家）、杨鼎等参加革命，废名还亲身听到杨鼎烈士（六班学生）的噩耗，废名教育大家说："我们不能以'邦无道则隐'的逃避现实的旨意来做文章，我们要面对现实生活。"废名曾面对日寇威逼利诱拒任伪职（翟一民：《永不消逝的"声音"》，岳松秋：《冯文炳拒任伪职》）。废名还以身作则，从小事做起，善意批评一些学生破坏竹林。当时环境十分艰苦，南北山之时条件最为恶劣，程道衡一九四六年在《黄梅初级中学第十一班同学录序》中写道："夫南北山悬崖绝壑，人迹罕至，然诸生跋涉长途，拾级而上，未尝有难色，可谓有志于学矣！"废名和学生们同甘共苦，以自己的人格、文格感染了一些有志学生。许多学生另找时间慕名从其学，也希望做新文学家。废名在县中任教达五年之久，七、八、九三班毕业请他作"同学录序"，他大都乐意为之，"以作别后相思之资"。废名在黄梅当中小学教师的经历，最令后人难忘，可惜无任何讲义存留，连一些自编教材也找不到了，只能供后人在神往中加以想象了。

北京大学复员以后,在俞平伯、朱光潜、汤用彤的力荐下,废名应胡适之聘回到北京大学担任副教授,不久升任教授。这一期间,废名留下的讲稿主要是《新诗讲义》的续四章。此前,他的《新诗讲义》十二章已经结集命名为《谈新诗》出版。这续四章和前十二章后合集成一书于一九八四年出版。这部《谈新诗》成为《废名讲诗》的《废名讲新诗》的主干部分了。关于这一时期课堂上的废名先生,有世人所熟知的《"真人"废名》(汤一介)、《难忘废名先生》(乐黛云)做了生动的回忆,读来令人忍俊不禁而又感慨万千。

一九五二年全国院系调整,废名与杨振声等被排挤出北大,调任东北人民大学教授。杨振声成为该校第一任中文系主任,一九五六年杨振声逝世后由废名接任。这一期间废名留下的讲义、讲稿有:《古代的人民文艺——〈诗经〉讲稿》《杜诗讲稿》(包括《杜诗稿续》)、《杜甫论》《杜甫诗论(未完)》《新民歌讲稿》《跟青年谈鲁迅》《鲁迅研究》《美学讲义》等八部之多。很可惜,这些重要的讲稿大多未出版,只有《跟青年谈鲁迅》一书于一九五七年出版。现在这些未正式公开出版的另七部已经有四部完全收入《废名讲诗》一书,《新民歌讲稿》有一章也收了进去,《鲁迅研究》《美学讲义》读者可以在即将出版的《废名(全)集》中读到。

关于废名晚年治学精神和讲课情况,从依稀仅存的回忆文字中可以略见一二:

后来,我们陆续聆听到他的专题课"鲁迅小说""杜诗""中国古典美学"。一次，班长让我和另一位同学去他家取讲义稿，再送学校印刷。进了他家，看到眼前的情景我俩怔住了：冯老师戴着墨镜，正低头坐在椅子上，一手在胸前托块木板，一手在木板夹的稿纸上吃力地写字。原来，他的视力已很微弱，必须透过那特制墨镜中间的小孔，才能勉强看东西、写字。我俩站在那里无言地注视着冯老师，心里又感动又难过，冯老师发给我们的一摞摞讲义，竟是这样一字一字写出来的啊！（郑启幕：《遥远的钟声——记冯文炳老师》）

冯老师被聘为系主任，现代文学教研室唯一的教授，一开学便给我们讲鲁迅专题。虽然印了讲义，他并不照本宣科，而是讲自己的心得，开门见山就分析鲁迅代表作品《阿Q正传》。论点新颖、颇富魅力。如说未庄不是农村，阿Q这个典型也不只是农民，当时引起了一阵争论。但是，冯老师依旧坚持自己的论点，并且从作品形象分析入手，条分缕析，周密论证。他说，学术研究，贵在有独到见解，切忌人云亦云。大学里要发扬学术民主，可以各抒己见。这不多的几句话语，冯老师说得很中肯，给我留下了极为深刻的印象。也许这是他几十年来治学生涯的心得吧，也许是他带来的最高学府近百年来形成的民主校风吧。（萧善因：《废名：治学贵有创见》）

由于晚年的废名著作很少出版，而后人又少有提及，因此《废名讲诗》的出版具有重大学术意义。它首次全面整理并出版废名的晚年讲稿，让世人有了了解废名晚年著作的一个窗口；首次将废名的新诗诗论与旧诗诗论合订一册，让世人能够全面了解并能比较的了解不同时期废名的诗学思想；另外，废名对杜甫的研究在当时虽然受到一些关注，但年深日久，且因著述未得整理而渐被遗忘，此次《废名讲诗》出版，为学界补充了全新的材料和信息。《废名讲诗》装帧精美，收入大量废名的照片、书影、手迹，大多是首次披露的，希望《废名讲诗》的出版，能让读者了解讲堂上的废名先生，并能推动学界对晚年废名的关注。

二〇〇七年十月

翟一民先生印象记

我最早知道翟一民先生是先前读过一本书，里面收录了他的一首诗。那本书名叫《一代师表》，是纪念著名教育家廖居仁的，编者是诗人李华白。那首诗的内容我早忘了，内容大概离不了怀念吧！只是作者的名字我觉得很有古朴之风，口里念着，心里高兴，仿佛有所得，然而又实在不知得了什么。反正我记住那个名字了。

后来一个偶然的机会，我竟然认识了翟一民先生，并且对我后来的道路产生了一点影响，我实在是很感激这个热忱认真的老人的。

去年，我因爱好废名的缘故，写了一点浅薄的文字，六月里，在祖父的介绍下，去拜访黄石远先生。然而，黄先生并不怎么了解废名，他却向我指引了一个人，说他是废名研究在黄梅的中心人物，这个人便是翟一民先生。那是第一次拜访他，我很拘谨的样子，只是听，不敢多说话。我尊他为"乡之先达"、长者，我岂能不认真地听？

废名的学生翟一民

更何况他那热忱认真的样子，也不能叫我感到厌烦。他边说，还时常叫我坐，我只能唯唯，终究没有坐下来。就是那一次谈话，我才知道学术界兴起了"废名热"，我们家乡也要出版关于废名的书了。北京大学王风先生正在编《废名（全）集》，黄梅文史委员会在编《废名先生》，都是为了纪念废名诞辰一百周年。他还告诉我，武汉大学的陈建军先生对废名也很有研究。而我，早就觉得自己的文章捏在手里汗颜了，他却说这是他在黄梅一中发现的最早的废名研究的文章，并且说我作为一个垦荒者不容易，要我继续努力，好好地学。

就在当天晚上，我写好了一封给北大王风先生的信。第三天，我再去翟家，托他作为推荐人将此信交给王风先生。翟先生却指出这封信有三处毛病，说这样的信怎么能够寄给北大的王风先生呢？他还一一地指出来，极为仔细，我被他那认真的样子惊吓坏了，就打消了给学界人士写信的念头。这才觉得自己还不够格呢！连一封信都写不好。最后，翟先生叫我修身，要向废名先生学习。我知道，他只是这样建议我去做，并没有命令的意思，虽然我觉得他的话已经重了一点，毕竟我和他才是第二次见面，但是我从中看出他的性情来，是那么地率直、认真，就是让你受不了，又能怎样呢？

暑假的两个月，我除读了朱光潜的美学、弗洛伊德的心理学，还有古典田园诗歌，再就是通读了废名的小说。那些读书经历的产物便是一篇心得《一个风格卓异的小说家》，有四五千字的样子，在一个深夜里，独自摸索写完的。第二天就打印了出来，顺便给相关人士看了。翟一民先生自然在这"相关人士"之列,只是我已经担心他早把我忘了,有点犹豫,就先去找文史委员会的负责人石雪峰先生。结果我见到了《废名先生》一书,里面有翟先生的一篇文字,大略看了看,唏嘘不已,——文章做得这么好!能够写出这样好的老人文章,在文末还对自己的人生道路做了很好的回忆和总结,简直达到了孔子所说的"知天命"的境界,这样的人是智者,我怎么能不去看看呢?

走进城关原农业局的旧门,往左走,上二楼,靠右就是翟先生的住处了。我不敢无礼,在敞开的门口连喊几声"翟先生在家吗"?先生抬了抬头,又抬了抬头,似乎听到了,原来翟先生有点耳背。不一会儿听到翟先生的笑声,起身叫我进来,还拉我坐下。那一次谈话,很舒适。我是大声说话,先生是边说边扼要写在纸上给我看,再就是大家一会意地笑了。一切拘谨和严肃的气氛都消失得无影无踪。他还说,他很理解我的心情,已经和冯奇男先生一起向冯思纯先生专门提到我,说我是年轻的好学者,应该帮帮的。我听后,惊诧不已,原来他最能体谅人,并不是简单的不顾别人感受的"直来直去"的人。先生还说,你在武汉,应该拜访武汉大学的陈建军先生,虚心向他学习,并说此是"近水楼台先得月"。就在这时,我真真觉得翟先生是个通情达理的、热忱的仁者。

后来我花四天时间细心地读了《废名先生》一书,觉得里面的黄梅老先生们的文章数李华白和翟一民两位先生的文章写得最好、最有阅读价值,简直为我们勾勒出废名抗日期间在黄梅的大致影子。我想以后倘若编"怀废名"一类的书,把这两篇文字和废名的其他师友学生的纪念文字放在一起,刚好可以弥补废名在黄梅这一时期的回忆的空白。读翟先生的《永不消逝的"声音"》,单看标题,就有很强的文学色彩,更不用谈里面大量的古典诗词和引文了。我想他可能读过好些书,记得刚进他家,朝右就是他的书架,而且他自己那时也"着实要努力学做一个文学家",结果没有实现,最终做了一个农艺师,颇有点像废名的"小朋友"鹤西。另外,我还很怀疑先生在写这篇文字之前,是否细心地读了废名先生的书,所以行文上有意无意地走着废名的路子。但绝不是单纯地亦步亦趋,而是以表达自己的感情为度,还配合黄梅方言和废名、泰戈尔的诗文,所以很耐读,自有一番风味。我不知道他有多久没有写文章了,如果他早年能够坚持下来,说不定能够成为一个晚年大成的散文家。只是终究不能够,而废名哲嗣冯思纯先生说翟先生是废名在黄梅最受赏识的学生,我不知道这算不算得一个遗憾。当我读到黄梅文史资料中有这么一段关乎先生的文字:(一九五五年冬)黄梅戏剧团诞生后,县委县政府给予了高度重视,派县文化科副科长翟一民兼任剧团团长。我才知道他搞过戏剧,而不是散文。

去武汉上学后,曾在一段时期我郁闷过,彷徨过,在精神上没有着落,就在那时我给先生写了一封信,文辞含蓄委婉,担心他老人家不会回信。其实我也没有打算他回信,真的,我把写信的事都忘了。突然一天,我收到了一封信!一惊,熟悉的信封,陌生的笔迹,落款是"翟寄"。我迫不及待地打开信封,拿出来就读。我仿佛看到一个身材魁伟、声音洪亮的长者在对我说话,我的大脑嗡嗡地响了，把信看了又看。原来他一直在等待思纯先生的回复，好给我一个满意的答复。其实我哪里要什么答复！他给我的信大意是，他总算做了一个搭桥人，勉励我继续前进！

后来，我和陈建军先生通信了，他给我的感觉也是那么地严谨热忱。后来我回信告诉先生，陈先生回信了。最近我又知道，他后来回信思纯先生，说我已经和陈建军先生联系上了。翟先生做事是那么地追求圆满，在有些人看来后来的回信是多此一举的。他们怎么能了解一个老人的心，又怎么知道翟先生就是那么一个思想境界已经很圆满的人。

今年"五一"，陈建军先生托我向翟先生问好，说以后有机会一定到黄梅看他。我得到先生的回复是：趁着我和奇男老还健在，我可以带着陈建军先生走走当年废名先生在黄梅走过的路。说得多么的直爽，听后简直像看到一个倔强的老人在前面蹒跚。

后来，我听陈建军先生说，翟老先生对他的《废名年谱》评价很高云云，看来他也是很认真地读了那本书的，一个年约八旬的老人，我似乎总在他身上感受到力量，无论是他的认真、热忱，还是直爽，都可以读出使人感动的生机来，促我生长和自新。他真正称得上一个长者、智者和仁者。

"废名热"兴起后，许许多多的废名爱好者和研究者是值得记住的，还有一个人，我们也不应该忘记，那就是翟一民先生。因为有一个老人也参与其中，他在晚年也确实做了一件很有意义的工作。再说，单凭那本《废名先生》，我们不也看到了他的努力么？主编石雪峰先生在

《后记》中说:"《废名先生》之能付梓","成书还得益于废名的广大爱戴者和景仰者",而瞿一民先生正是这"广大爱戴者和景仰者"中的一个老人和中心人物,他为这本书的出版出了很大的力,也付出了个人巨大努力。

作于二〇〇四年五月

一张老照片引发的回想

去年春节，不满二十六岁的我，在老家黄梅与红儿成婚了。这时爷爷七十六，奶奶七十七。在我们家三代以内，甚至四至六代以内，平辈中我是第一个结婚的。然而，爷爷、奶奶都觉得太迟了。年近八旬的老人，还没有抱上曾孙。不是他们思想上的守旧，而是晚境的他们也需要慰藉。

爷爷对我和红儿说："我跟你奶奶在老屋至少还可以独住五年，等生活实在不能自理了，再考虑到街上跟你们的爸爸、妈妈同住。你们要尽早生孩子，我们不老，还可以带带，再迟几年，就不行了！"这当中的道理与深情，我自然懂得。然而，两三个月后，爷爷被送到了省肿瘤医院，并检查出肺癌。医生说，可能只有半年到一年的生命期限了。这时，我不禁想起春节时爷爷的话来……

爷爷口中的"老屋"，始建于民国二十年（一九三一），由爷爷的父亲梅守海（一九〇六—一九七九）一手

图中青年为作者的爷爷梅岭春

建成。三年后,爷爷便生于这个迁居的"新家"里。老宅后来也翻修、重建多次,但地基仍存,到今天也有八十年的光景了。关于我们的家史,往往也是从迁居这个老屋开始说起,它是我们这个大家庭共同的生活场所,也是我们堂兄弟这一辈的共同记忆。爷爷能够口述祖上三代的生活史,并知道不少明清两朝家族往事,常以先祖"耕读传家"教育我们,并希望我们能继承这一脉书香。然而,真正能够勾起我对祖先想象的是爷爷年轻时的一张照片。它拍摄于一九五九年,爷爷时年二十五岁,正任柴子湖小学校长(此湖为吾梅祖居地,《黄梅县志》等地方文献中多有记述)。我时常端详着它,从它透露的形象气质,似乎可以想象爷爷当年的精神追求。这一点太重要了,因为它可能既得于祖先遗传,将来又可能对子孙后代产生影响。我经常不由得从中想象起爷爷的祖上来。

爷爷的曾祖父谱名梅立镜(字必照,号朗山,世称文炳先生,拙著《朗山笔记》即为纪念先祖而得名),生于道光二十三年(一八四三),逝于民国四年(一九一五),为光绪年间庠生。关于立镜公,爷爷最喜欢讲他到省城赶考的故事。途中,立镜公偶遇同去考试的同邑大族邢氏子,名传满。他是明朝正德年间大清官邢寰(明武宗戏称他"邢酸子",见于清文学家喻文鏊《明给事中邢寰传》,《明史》亦有传)的后人。二人相谈甚欢。立镜公后将小女许配,生下武汉中学党支部书记、湖北省委鄂东特派员、中共黄梅第一任县委书记邢家镇(一九〇六年生)。邢家镇是革命烈士,一九二七年与文学家废名之弟冯文华一起遇害。这在废名的《冯文华烈士传略》一文中有记载。一段颇具传奇色彩的姻缘，一个铁骨铮铮的英雄男儿！这段姻缘，这个英雄，成为梅、邢两家后代永远的共同记忆。

我想，这个故事，爷爷的爷爷和父亲也一定绘声绘色地讲给他听过，也一定激励过爷爷奋发向上、力争上进。我还想，爷爷把这个故事讲给他的儿孙听，也一定在无形中启发、鼓舞了他们。爷爷还说立镜公长孙柏林（一八九六年生）少年时曾随立镜公读书，这也令我神往不已。为什么要记住家史中的一些往事？我想往事的魅力或许就在于它有精神生命。虽然它已经成为过往，不可追回，但它的精神生命却能够一代代不断地传递下去。

这张照片是我们家最旧的一张照片，它能够引着后辈回顾家庭的过去和未来。一九五〇年，爷爷的爷爷梅志桂逝世（一八七八年生，七十二岁殁，与立镜公同寿）。当时，爷爷已经成为一名教师。过了几年，爷爷有了自己的家庭。再过几年，也就是一九五九年，爷爷拍下了这张照片。我想此时年方廿五的爷爷，正当青春年华，一定意气风发，希望有一番作为。此后，爷爷在教育的园地上辛勤地劳作近半个世纪，先后担任六咀中学、团洲中学等中小学校长，并留下一些诗词、教育文论。一九七九年，爷爷的父亲梅守海逝世——很凑巧，与一九五〇年一样，也是一个新时代的开始。二〇〇六年，爷爷在祖坟处为志桂公、守海公等先人重新立了三块大墓碑。这当中的深情，我想我们堂兄弟每一个人都是懂得的！

爷爷谱名端庐，学名梅岭春。这也是夏衍《上海屋檐下》中的主人公的名字，它还让我常常想起《梅岭之春》

这部作品。现在,爷爷的病情并没有恶化,我衷心祝愿他战胜病魔,安度自己的晚年。而我们,也从忙碌的生活中被惊醒。有时,我总在想,身为现代人的我们,是不是应该抱愧先人呢?先人给了我们恩泽,我们却总不能回馈,忽略、漠视是经常的。端视着这张老照片,我想了许多、许多,我不知道现代人的子孙是否能够懂得呢?

二〇一〇年秋冬之交

答记者问

问：您是如何走上写作与研究道路的？

答：中国禅宗五祖弘忍说："人人皆可成佛。"这是中国禅宗得以形成并繁荣发展的思想基础。同样的道理，我也曾在一篇论述"八〇后"文学的文章中说"人人都是天生的文学家"（后收入《童书识小录》）。文学直指人心、人性，但凡人性尚存，我想一个凡人成为文学家或文学爱好者总是有可能的。

二〇〇一年元旦，正读高一的我在习作本上写着："从今日起，我要做一名作家。"二〇〇一年十二月三十日晨七时，我正式从黄梅一中理科班转入文科班。自此，我开始了从文生涯。这里不妨摘引几段回忆高中文学生活的记录：

二〇〇一年初春，在哥哥梅瑜的影响下，阅读萧红的《生死场》《寂寞花》、梁实秋的《槐园梦》。自此练习散文、诗歌、小说创作，常常浸淫于图书馆中。夏，读何其芳散文。创作积成一个小本子，并尝试投稿（大约三次）。暑假，读郁达夫散文。开始撰写《日知录》，多记每日所思、灵感所得、佳句妙语、自作诗词，以半文半白语言记之。曾携黄梅地图，探访县城各处古迹胜地及附近山水，多次独自彷徨行吟于护城河、马尾山一带。二〇〇二年，刻苦阅读文学、历史、哲学、美学、地理书籍，熟悉了黄梅县城所有的书店、地摊……二〇〇三年将前两年所作新旧诗词汇成《卯有集》，工整誊抄，存手稿本。二〇〇三年，创作欲望极盛，小说散文的题目抄写在稿本上不下十个，并开始写中篇小说《小城故事》，完成一万余字，后未果。又创作了小说《她是一个弱女子》、散文《我的精神小屋》等。

进入大学，我真正开始创作、研究，开始发表文章。最早的园地是《武汉科技大学报》，我至今很感激当年的副刊编辑谢晓丽老师。随后，又开始在《中国图书评论》《书屋》《博览群书》《开卷》《新文学史料》《鲁迅研究月刊》《中华读书报》《文学报》等报刊发表一些学术书评、文史随笔等，其中陶铠、胡长明、李焱、董宁文、郭娟、周楠本、吕文浩、陆梅等老师对我都帮助很大。

问：您在《文学史上的失踪者》一书中介绍了废名、许君远、喻血轮、梅光迪等早被大众甚至专家遗忘的"失踪者"，您是如何走进他们的世界的？

答：学术研究是有起点的，我的学术研究始于废名研究。然后，扩展至废名圈等。起初并没有意识到这是在追寻"失踪者"，是陈子善老师在给我作序的时候首次使用"文学史上的失踪者"这个概括提法的。

钟叔河老师从直观的视角说明我怎样进入研究对象的世界："梅杰关心的首先是他本土和本姓的作家，这一点实在具有很不一般的意义。从低一点的视角看，由近及远，由亲及疏，由切己而普世，此正是一种切实有效的研究方法。从高一点的视角看，中国社会根本上就是乡土的和宗族的，近几十年变化虽多，本质却还依旧。梅杰用这种方法取得的成绩（包括挫折和失败），也就具有更为广大和深远的意义了。因此，我十分看重梅杰的工作，认为其指标性的价值，实在不亚于其学术文章达到的水平和创造的价值，也许还更大一些，更值得学术界和出版界的关心也。"

汤一介、乐黛云老师也持相同看法。汤先生在《文学史上的失踪者》推荐词中说道："梅杰（眉睫）以锲而不舍的精神发掘珍贵而渐已不为人知的现代文学史料著称于世。他对故乡湖北黄梅的历史人文，怀着浓浓的乡情。无论是对废名的研究，还是对喻血轮及其家族文人群的研究都极见功力，具有重要的史料价值。他以同样执着而奋发的精神对学衡派诸公的研究，特别是梅光迪研究，不仅材料翔实，而且富于创意，多是发前人所未发（如收入本书的《梅光迪年表》）。值此学风浮躁、空论充斥之时代，深感梅杰及其著作确是'一颗奇异的种子'，必将长成茁壮的大树。"

从本土和本姓作家研究开始，是我走进"失踪者"世界的一个通道。

问：刚才您提到废名圈，民国时期的文化思想界似乎有很多圈子。您是如何认识和理解这种"圈子"现象的？

答：晚清以降，中国的社会结构逐渐发生变化，最为明显的是"士"开始分化。到了民国大致形成了五大类型的知识分子。一是旧式知识分子，包括鸳鸯蝴蝶派、以古释古的传统学究、坚持古诗文创作的旧式文人。二是文化保守主义者，包括学衡派的梅光迪、吴宓。三是以周作人、废名为代表的京派文人。四是以胡适为代表的自由主义知识分子。五是以左翼为代表的革命文艺作家（他们推举鲁迅为旗帜，实则鲁迅与他们大有不同）。

他们大都是因为近似的社会观、文化观而集结在一起，并非刻意为之。当时各种文化群体互相论辩，乃至"攻伐"，最后形成了各种文学、学术的流派，具有十分重要的积极意义，彰显了思想文化界的活力。

问：后人将目光聚焦在圈子的核心人物身上，而忽略知名度不太高的人，即您所言的"文学史不曾提到的文学家"。这种忽略是因何造成的？

答：首先是意识形态的遮蔽，一段历史行将结束，成功者往往开始书写历史，这必然导致"敌手"被曲解、贬低。其次是历史人物自身在俗世中的知名度。第三是历史人物自身的影响和成就。对于真正的研究者而言，应该先从第三点着手予以中肯评价，不应受到前二者的干扰。但一般的人往往受前二者干扰过大，导致忽略了很多有成就、有影响的历史人物，而只关注世俗所谓成功者、大人物。

问：您认为挖掘"失踪者"对充实历史、传承文化有重大意义，如何理解？比如梅光迪，作为白话文运动的批评者，他的当代意义何在？这些发掘和研究，和主流历史构成了怎样关系，是补充还是质疑？

答：梁启超曾讽刺二十四史道："不过是为帝王将相

作家谱！"历史只记载"帝王将相"，这样的历史实在难以恭维。许多边缘历史人物，乃至小人物，都是历史的一个组成部分，都有记录的价值。当时的人可能认识不到其价值，后人却未必认识不到。被遗忘、被扭曲的小人物也可能成为今后历史上的大人物。

梅光迪等为代表的文化保守主义者，曾长期被视作复古派，予以贬低、抹黑，其实他们也是新文化的呼吁者。梅光迪自称"真正的新文化者"，而斥胡适为"新文化之仇敌"，可见他反对的是胡适的新文化运动，而不是反对"新文化运动"。真正的"新文化运动"并未结束，胡适等主导的新文化运动只不过是他们选择的一个路径和方式，并非完全正确。二十一世纪的今天，我们再回过头来看，则不能不正视梅光迪的"新文化"追求。它们最终都会汇集到后人创造的历史中去，任何一个阶段的"主流历史"都未必永远是主流的。现在不少学者都已经注意到了"新文学论争中的语言暴力问题"，认为对学衡派，乃至对桐城派、国粹派都是极其不公平的。

要深入说明这一问题，还可以再举一个真实的例子。我的堂曾祖父梅远志（鹏九），曾参加了一场抗日战争，歼灭日本人数千，并非一般人认为的"豫湘桂战役一溃千里"。我们目前对这类隐秘的历史知道得还很少，然而，他们毕竟是真实地存在着，并且活在了人民的心中。

问：您在《文学史上的失踪者》里的一篇文章中还提到了"地方文学史"在现代社会的式微，原因是什么？地方文学史对文化积淀、传承的意义何在？

答：民国以后，中国的文化发生了断层，直接导致了地方文学史、方志的式微，只是后来才有一定程度恢复。其实，地方史既是国史的补充，也形成了相对独立的话语系统，它们保存更丰富的历史资料，在今后的历史中可能会成为重要的文献。它们也具有独立的历史价值，也可能在后世产生积极影响。

问：您为什么会在行文中很少叙述自己的观点，而直接用史料本身说话？这是否可以说您的历史观也是如此？

答：如果我可以称作一名历史研究者的话，那也只是一名草根学者。这注定了我对历史的看法是站在民间的立场。采用史料来言说历史，这只是一种呈现方式，不能称作历史观。史料本身就是证据，由它来叙述真相，比用自己的话来论述更有力。

克罗齐说"一切历史都是当代史"，陈子善老师在给我的《现代文学史料探微》序言中说："按照德国哲学家伽达默尔的观点，在对历史文本的解释中，历史并非独立于研究者之外的客体，研究者诠释历史文本的同时也就参与了历史。"其实，伽达默尔与克罗齐说的是一个意思，我们研究历史，是让历史活在当代，对当代的社会观、人生观产生积极的影响。

问：在学术困境中，作为一个"八〇后"学人要想在某一领域取得成就，您认为哪些因素比较关键？或者说，应该从哪些方面进行努力？

答：自身修为非常重要，并注重蓄养自己的学力、情趣。一般而言，喜欢学术研究的人，大都热衷探求真相，对真理有孜孜以求的精神，对历史有深重的情结。这是古往今来所有的学者必备的精神因子。因此，"八〇后"学人也应在这方面努力。同时，不断提高自己的研究能力，并让情趣贯穿始终，保持住研究的活力。

另外，不能为研究而研究，要保持对现实有着敏锐的观察力、批判力。搞学术研究，也要关照当下现实问题，包括生活问题，否则很容易麻木自己，或曰陶醉自己，不知不觉中限制了自己。对现实问题保持必要的思考能力，能激发自己的研究热情，延续自己的学术生命。

问：在您的学术道路上，哪些人对您产生了影响？

答：我是一个具有深重的历史情结的人，这一切可能源自我的家庭。我的祖父梅岭春先生是一名中小学校长，但他本质上是一名儒家知识分子（或曰"乡儒"）。我小时候，他便给我讲述一百多年的家族史、数百年的地方史，从无数的往事和历史细节中告诉了我：人是什么、如何为人等问题。这些终极意义上的思考，奠定了我今后为人处世的基础。我所从事的文学史研究，其实跟这些终极问题有重要关系，它们可以说是对这些问题进行的一个初步回应和互动。

后来，在研究废名的过程中，遇到了第一位学术上的导师陈建军教授，不久又认识陈子善、止庵、谢泳、傅国涌等老师，他们都对我的研究工作予以极大鼓励。傅国涌老师曾为我编的《绮情楼杂记》作序，香港的董桥老师也为这本书写过读后随笔。二〇一一年初，出版人俞晓群先生又让我挖掘儿童文学史上被遗忘的作家，并请我责编《丰子恺全集》。可以说，我在出版工作上取得的所有成绩，都与俞先生的扶持和信任分不开的，应该全都归功于他。

值得感谢的师友实在太多了，我曾这样写道："难道是自恋么？——我总觉得在这个浮躁、功利的时代中，因了众多朋友的扶持，自己乃成了一颗奇异的种子，正在快速成长。为了表达我对他们的感激之情，值此册小书出版之际，谨将十年来对我的学术生命或人生道路产生过影响的师友名单罗列如下：梅岭春（笔者先大父）、陈建军、蒋风、萧衾、张雨生、止庵、陈子善、谢泳、傅国涌、黄恽、蔡登山、徐鲁、黄成勇、董宁文、夏元明、张吉兵、汤一介、乐黛云、梅铁山、刘绪源、赵国忠、俞晓群、董桥、彭懿、胡少卿、柳漾、王建坤、姚宏越、羽戈、施永川、何亦聪、向敬之、陈祥、林建刚、胡竹峰、田吉等（恕不能一一遍举，有遗漏者勿怪是幸）。"

问：除了搞学术研究，您平时还会在一些报纸杂志上写一些书评、随笔。您觉得书评、随笔与平时的写作研究有何不同？怎样才能抓住读者？

答：我写书评都是针对自己感兴趣的书，甚至是在自己的研究范围之内的书，所以一般都会仔细、认真阅读，不会轻易下笔。我觉得书评应该是学术书评，不能是广告书评，所以都是通读、细读之后方会下笔。而且我觉得无套路可循，因为好的书评，必须是把书读透了，具备了与作者互动的能力之后，才能动笔。有新见，是书评能够抓住读者的一把利剑。对我而言，学术书评的写作其实是学术研究的另一种呈现方式而已。

问：创作多年，写作之于您的人生意义？

答：写作关乎人性、历史和想象力。我之所以不断地写下去，其实就源于我对这三者的追寻。对于写作关乎人性、历史，很多人应该能够理解。觉得这是文学本身的

"题中之意",也是作者本身的一种动力。但可能有些读者会感到奇怪,一个以文学研究为主的作家,怎么也需要想象力呢?是的,想象力太重要了。对于一个学者而言,也是需要想象力的。想象力可以帮助你做出一定的推断、推测、预言。更在于,当你疲劳的时候,可以让你在探索中感到一种快意,继续牵引着你向前进发。

问:自从"八〇后"群体"浮出水面"以来,媒体和大众往往存在一些误读。不少人认为这群人生活在一个泛娱乐化和消费主义盛行的时代,与政治、思想、学术等距离遥远;但另一方面,一旦发现这个群体中出现个别"另类",比如"八〇后"学者、"八〇后"政府官员等,就大肆宣扬。一些人对这一群体的认识,甚至还仅仅停留在世纪之初涌现出的一批"八〇后"写手的层面。您本人也是一位"八〇后",在您看来,"八〇后"是一个怎样的群体?

答:我对"八〇后"这个群体充满了信心。我们会在整体上超越父辈们,我们对这个社会的贡献也将远远超越父辈们。我们肩上的重担,也迫使着我们终生奋斗。而且,"八〇后"思维敏锐,一直保持着活力,这代人中"死于安乐"的是少数,我对此坚信不疑。

但"八〇后"不会在所有领域超越前辈。有伟大的时代,也有平庸的时代。"八〇后"可能就是生活在一个相对平庸的时代里,名人、人才很多,但天才、伟人却可能很少。伟大的时代,天才、伟人、名人辈出,对后世也产生巨大而深远的影响(好比春秋战国、晚明和"五四"时代)。伟大时代是可遇不可求的,它往往是人类历史发展到一种必然才出现的结果。

单从学术和文学方面讲,我觉得"八〇后""九〇后"的新新人类可能会在文学上超越二十世纪八十年代出道的作家,但在学术和思想领域,整体上则很难超越父辈学者。我们最多只能局部有突破,有自然继承和发展,但这不值得骄傲,也并不意味着超越。或许我有些悲观,但这是没有法子的事情,因为学统、道统已断。我们现在能做的,只是恢复文化生态环境,广播学术种子、读书种子,至于重建学术道统,不是我们这一两代人可以完成的,可能要五十年乃至上百年以后。

问:在现代文学研究领域,能透露一下您现在或今后会研究哪位文学家么?

答:诚如谢泳老师所说,"由这本《文学史上的失踪者》,大体可以判断出眉睫日后的学术方向"。在这本书中,我已经研究了上述五大类型的知识分子中的四类,它们还在继续。我的研究并非漫无目的,它将会继续沿着历史的发展方向进行伸展。

新文学史在一九四九年并未终结,一九四九年以后,不少台湾作家继承着"五四"时期和三十年代的文风,以优秀的文学作品反映了人性和时代。譬如王默人,他就是一位杰出的乡土小说家。他于六十年代初创作的长篇小说《外乡》,是一部现实主义杰作,记录了大陆来台人民的血和泪,但由于台湾本地政治原因,这部小说迟迟没有出版,四十年后才收录在美国出版的《王默人小说全集》中。类似的优秀作品在台湾不少,值得继续挖掘、研究,续写新文学史。

问:您的这种研究会持续下去吗?你将来有哪些近期

计划和长远计划？

答：从文十几年以来，我其实也经历了由文学创作到文学研究和文学出版的过程。不过，从广义或传统意义上讲，文学研究也是一种创作，文学出版也是文人的一种文学活动，也是展现自己的学术思想或成果的一种方式。所以不管怎么变化，我始终在努力着。这一切的动力源于我十分向往民国文人的风骨，一直也作为自己的"精神的底子"。就我个人而言，值得庆幸的是，由于众多师友的鼓励和帮助，我一如既往地走在追寻"文学史上的失踪者"的小路上。在这十年中，我的学术王国的版图不断扩大，从京派文人废名（附废名圈）、鸳鸯蝴蝶派文学家喻血轮（附喻文鏊等黄梅喻氏文人群）、自由主义报人许君远、现代文化保守主义者梅光迪（附学衡派），一直到正着手搜集研究资料的丰子恺、韦素园、韦丛芜（鲁迅等未名社同仁）、儿童文学史等，都已渐次纳入我的研究范围。一些与之相关的研究课题也时时在我的心底沉浮着，激荡着我的心胸，诸如《废名评传》《黄梅喻氏年谱》《胡适与梅光迪》等，总是如影随形，挥之不去。至于更远期的计划还没有，但我相信，只要坚持"仍在路上"，风景会越来越多，留下的"风景记录"也会越来越多。

通过大量的发掘式研究工作，我期待着一个文化复兴的时代到来！

原题《寻找文学史上的失踪者》，发表于二〇一三年三月五日《生活周刊》，二〇一三年三月二十五日《都市文化报》

后记

此书原名《大时代的小人物》，福建某社曾决定出版，可惜三年未果。直到我回武汉工作，才重新张罗这本书的出版事宜。承蒙子聪先生雅意，纳入"开卷书坊"，今年得以顺利出版。于我而言，真是一桩幸事。

从文十余年来，主要研究废名、喻血轮和梅光迪等人。去年《梅光迪年谱初稿》出版，我感慨道："这本书是四五年前的旧作，一朝付印，算是满足了青春时代的学术梦想。从二十到三十岁，前五年研究废名，后五年研究梅光迪。黄梅喻氏文化世家研究（喻血轮和喻文鏊等）始终贯穿其中，间以许君远、朱英诞和邓文滨研究。十年之间，研究三五个人物，一个文化世家，便是我全部的青春岁月……"

在《废名先生》和《梅光迪年谱初稿》等专书之外，我的作品主要是《文学史上的失踪者》和这本《文人感旧录》，说它是《文学史上的失踪者》的姊妹篇亦无不可。

新书名是子聪先生定的,我十分喜欢,比《文学史上的失踪者》少却一分庄严,但从文字的史料价值看,又是同等重要的,希望读者不要误会,以为这只是我的边角料。

二〇一八年六月十二日,
时值三十四岁生日

策划

宁孜勤

主编

董宁文

第一辑

开卷闲话六编	子聪
我的歌台文坛	宋词
纸醉书迷	张国功
书林物语	沈津
条畅小集	严晓星
书虫日记二集	彭国梁
劫后书忆	躲斋
寻我旧梦	鲲西

第二辑

开卷闲话七编	子聪
邃谷序评	来新夏
难忘王府井	姜德明
楮柿楼杂稿	扬之水
开卷有缘	桑农
书虫日记三集	彭国梁
书虫日记四集	彭国梁
笔记	沈胜衣
我来晴好	范笑我
听雪集	许宏泉
旧书的底蕴	韦泱
旧书陈香	徐雁

第三辑

开卷闲话八编	子　聪
一些书一些人	子　张
左右左	锺叔河
西窗看花漫笔	李文俊
待漏轩文存	吴奔星
自画像	陈子善
文人	周立民
我之所思	刘绪源
温暖的书缘	徐　鲁
书缘深深深几许	毛乐耕

第四辑

开卷闲话九编	子　聪
文坛逸话	石　湾
渊研楼杂忆	汤炳正
转益多师	陈尚君
退密文存	周退密
回忆中的师友群像	钱伯城
旧日文事	龚明德

第五辑

开卷闲话十编	子　聪
白与黄	张叹凤
拙斋书话	高克勤
雨脚集	止　庵
北京往日抄	谢其章
文人影	谭宗远
云影	吴钧陶
怀土小集	王稼句

第六辑

人在字里行间	子　张
书话点将录	王成玉
人生不满百 ——朱健九十自述	朱　健 肖　欣
百札馆闲记	张瑞田
夜航船上	徐　鲁
近楼书话	彭国梁

第七辑

闲话开卷	子　聪
木桃集	朱航满
百札馆三记	张瑞田
文人感旧录	眉　睫
新月故人	唐吟方
三柳书屋谭往	顾村言

图书在版编目(CIP)数据

文人感旧录 / 眉睫著. —上海：文汇出版社，2018.8
(开卷书坊 / 董宁文主编.第七辑)
ISBN 978-7-5496-2652-6

Ⅰ.①文… Ⅱ.①眉… Ⅲ.①随笔-作品集-中国-当代 Ⅳ.①I267.1

中国版本图书馆CIP数据核字(2018)第138820号

文人感旧录

策　　划 / 宁孜勤
主　　编 / 董宁文
书名题签 / 刘　涛
篆　　刻 / 韩大星

作　　者 / 眉　睫
特约审读 / 卢润祥
责任编辑 / 鲍广丽
封面装帧 / 观止堂_未氓

出版发行 / 文汇出版社
　　　　　上海市威海路755号
　　　　　(邮政编码200041)
经　　销 / 全国新华书店
排　　版 / 南京展望文化发展有限公司
印刷装订 / 上海天地海设计印刷有限公司
版　　次 / 2018年8月第1版
印　　次 / 2018年8月第1次印刷
开　　本 / 889×1194　1/32
字　　数 / 200千字
印　　张 / 9.75

ISBN 978-7-5496-2652-6
定　　价 / 45.00元